QUESTION
DU DUEL,

Par

Me MIRABEL CHAMBAUD,

Avocat à la Cour de Cassation et aux Conseils du Roi.

PARIS,

DELAMOTTE, LIBRAIRE-ÉDITEUR,
Place Dauphine, n° 29.

—

1839.

DU DUEL.

MÉMOIRE

A LA COUR DE CASSATION,

ET PLAIDOIRIES,

Avec

LE RÉQUISITOIRE DE M. LE PROCUREUR GÉNÉRAL
DUPIN, ET L'ARRÊT DE LA COUR,

Dans l'Affaire des Sieurs GILBERT, DÉROY
et ROBIN,

Plaidée en l'Audience solennelle du 2 Février 1839,

Par

M. MIRABEL CHAMBAUD,

Avocat à la Cour de Cassation et aux Conseils du Roi,

PARIS,

DELAMOTTE, LIBRAIRE-ÉDITEUR,
Place Dauphine, n° 29.

—

1839.

IMPRIMERIE DE COSSE ET G.-LAGUIONIE,
P   HRISTINE, 2.

Nous avons pensé qu'il pouvait être utile de trouver réuni
en un seul volume tout ce qui a trait à l'affaire des sieurs
Gilbert, Déroy et Robin, sur la Question du Duel.

Cette question n'avait pas été plaidée contradictoirement devant
la Cour.

L'Avocat chargé de soutenir cette cause, ne s'était point dissimulé l'énorme difficulté de faire revenir la Cour sur une décision aussi solennelle, mais, comme l'a dit M. le Procureur
général Dupin, c'est honorer la Cour, que de penser qu'elle
reviendra, si elle reconnaît que ses arrêts ne sont pas conformes
à la loi; et cette opinion est profondément enracinée dans l'esprit de l'avocat.

Sur cette question, qui ne lui semble pas définitivement jugée ;
il appelle l'attention du public, en lui soumettant ses raisons
et celles de ses adversaires.

DELAMOTTE, Éditeur.

Paris, Février 1839.

COUR DE CASSATION.

SECTIONS RÉUNIES.

Affaire des sieurs *Gilbert*, *Déroy et Robin.*

Pour les sieurs **GILBERT** et **DÉROY**;

Contre **M.** le **PROCUREUR GÉNÉRAL** de la **Cour royale de Paris.**

> « Il n'y a qu'une chose à répondre à ces rapprochements, c'est que ce sont là des erreurs de la jurisprudence; c'est que, comme toutes les choses humaines, la jurisprudence est sujette à erreur; il n'y a en pareil cas qu'une vertu, c'est de revenir à la vérité quand on s'est trompé, et la Cour n'a jamais manqué à ce devoir »
>
> (M. le Procureur général près la Cour de cassation, *Réquisitoire* du 15 décembre 1837)

Au nombre des questions qui sont du domaine de la plus haute magistrature, il en est une sur laquelle, depuis près d'un demi-siècle, sont divisés, et les hommes qui s'occupent de morale et de législation, et la société tout entière.

La question du duel, soumise si souvent aux lumières des magistrats, si controversée dans le monde, vient encore s'agiter solennellement.

La Cour, sur les conclusions conformes d'un magistrat, illustre à plus d'un titre, a rendu, en audience solennelle, un arrêt qui a eu un grand retentissement, et cependant les vaincus sans combat n'ont pas désespéré; ils ont pensé qu'un jour il leur serait permis d'élever la voix, qu'un jour ils pourraient porter leur appel aux magistrats mieux informés.

Ils n'ont pas espéré en vain; l'occasion se présente aujourd'hui.

La Cour daignera accorder sa bienveillance au plus faible d'entre eux sans doute, mais non au moins convaincu des opinions qu'il va soutenir.

FAITS.

A la suite d'une altercation dans la soirée du 19 mai 1838, les sieurs **GILBERT** et **CHAMPEAUX**, ce dernier musicien dans un régiment de ligne, se portèrent respectivement des coups.

Le lendemain matin, Champeaux et Gilbert convinrent de se battre au pistolet; le maître d'armes du régiment, après avoir pris la permission du colonel, se rendit sur les lieux avec deux autres témoins, et régla les conventions du combat. Le premier coup porté de la main de Gilbert, frappa Champeaux à la tête, et le renversa, gravement blessé, au moment où il se disposait à faire feu.

Une instruction s'ensuivit. La Cour royale d'Orléans, Chambre des mises en accusation, rendit, le 10 avril dernier, un arrêt longuement motivé qui déclara qu'il n'y avait lieu à suivre contre les inculpés, par le motif qu'il n'y avait ni crime, ni délit dans le fait qui leur était imputé.

Cet arrêt, déféré à la censure de la Cour suprême, fut cassé le 6 juillet 1838, et l'affaire renvoyée devant la Cour royale de Paris.

Le 10 août 1838, la Cour royale de Paris, Chambre des mises en accusation, a rendu l'arrêt suivant :

« En cet état, il s'agit pour la Cour d'examiner si « le fait de duel rentre dans les dispositions du Code « pénal relatives aux crimes et délits commis sur les « personnes.

« Déjà un grand nombre d'arrêts, émanés de diverses « juridictions, et les actes de deux des pouvoirs législatifs ont démontré, depuis plus de vingt ans, combien une semblable question présente de difficultés « et d'incertitude ; *cette question, qui intéresse la morale et la religion, l'ordre public et la tranquillité « des Familles, ne peut être résolue par le magistrat, « qu'en interrogeant le texte de la loi.*

« *L'autorité de la jurisprudence ne peut être invoquée là où la jurisprudence ne présente rien de fixe « ni de certain, et où les décisions les plus graves sont « combattues par d'autres décisions revêtues du même « caractère.* La division de la jurisprudence atteste « un fait de la plus haute évidence, c'est à savoir : l'im« possibilité de concilier ou même de rapprocher deux « opinions, dont l'une considère le duel comme frappé, « en 1810, de la peine capitale sans aucunes circon« stances atténuantes, puisqu'il n'en existait pas alors, « et dont l'autre considère le duel comme n'ayant pas

« été prévu et puni par la loi pénale. Il appartient au
« pouvoir législatif seul de faire cesser ce conflit, de
« corriger ce que les lois ont de trop sévère, ou de re-
« médier aux maux qui naissent de leur oubli ou de
« leur silence.

« Si donc on examine l'état de la législation, on voit
« qu'avant 1789, le duel et toutes les circonstances les
« plus éloignées qui pouvaient s'y rattacher, étaient
« punis de peines très sévères, et qu'il existait, sur
« cette nature de faits, une législation toute spéciale ;
« le code de 1791 ne s'occupe plus des faits de duel
« punis jusque-là d'une manière si distincte, et il
« abroge, par une disposition générale, toute la législa-
« lation pénale qu'il ne reproduit pas.

« Le décret du 17 septembre 1792 abolit tous les
« procès et les jugements contre des citoyens mis en
« jugement depuis le 14 juillet 1789, sous prétexte de
« provocation en duel ; il amnistie le passé et ne s'oc-
« cupe pas de l'avenir. Le 29 messidor an II, la
« Convention nationale décide qu'il n'y a lieu de dé-
« libérer sur une question de provocation en duel qui
« lui est soumise, et renvoie à la commission de la ré-
« daction des lois, pour examiner et proposer les
« moyens d'empêcher les duels et la peine à infliger à
« ceux qui s'en rendraient coupables ; ainsi dès l'an II,
« une commission législative était chargée de combler
« le vide que le Code pénal de 1791 avait laissé, en abo-
« lissant indistinctement toute législation sur le duel.
« Depuis, le législateur a gardé le silence, et le duel
« n'est qualifié crime, et puni comme tel, par aucune
« loi pénale.

« Si le moraliste le plus sévère peut assimiler com-
« plétement le duel à l'assassinat, et confondre ces
« deux actes dans une même dénomination, on peut
« douter que le législateur ait eu une pareille pensée,
« et ce doute seul suffit pour écarter toute application
« de peine ; car les règles du droit criminel ne per-
« mettent pas de reconnaître l'existence d'une peine
« et principalement de la peine capitale, virtuellement
« et par voie d'induction.

« Le législateur n'a puni aucun crime par le dédain
« de son silence ; il établit au contraire en principe,
« que tout fait non prévu par la loi pénale demeure
« impuni.

« La Cour, considérant que, des principes de droit
« ci-dessus exposés, il résulte que le duel n'est qualifié
« crime par aucune disposition des lois pénales actuel-
« lement en vigueur, dit qu'il n'y a lieu à suivre contre
« lesdits Gilbert, Déroy et Robin. »

Monsieur le Procureur général près la Cour royale
de Paris s'est pourvu contre cet arrêt.

Nous venons demander à la Cour le rejet du
pourvoi.

DISCUSSION.

S'il est vrai que le sort des combats dépende en
grande partie du terrain qu'on occupe, nous com-
mencerons, dans ce qu'on peut appeler un combat judiciaire, par prendre la place qui est la nôtre.

« On accumule les arguments pour exciter la sen-
« sibilité du juge chargé d'appliquer la loi pénale, à
« ce point qu'il se trouve des gens qui se font scrupule
« de croire que le Code pénal ait voulu atteindre
« des hommes aussi recommandables que les duel-
« listes.

« Voilà la direction des sentiments que j'ai à com-
« battre (1). »

Ces paroles d'un réquisitoire célèbre, nous ne les
acceptons pas pour nous; ce ne sont pas là nos sentiments; nous déclarons d'une manière formelle, afin
qu'il ne puisse y avoir d'équivoque, qu'à nos yeux le
duel est contraire à toute loi morale, et qu'il doit être
sévèrement réprimé.

Nos sentiments bien connus, en telle sorte qu'on ne
puisse s'y méprendre, notre place bien marquée,
voyons les points qu'il faut discuter et résoudre.

Le duel est-il réprimé par la législation actuelle?

Telle est la question dans sa plus grande généralité.

Au premier aspect la solution en semble facile : ou-
vrez, dira-t-on, le Code de nos lois, et voyez. Mais
c'est ici précisément que se trouve la difficulté. Les
lois sont muettes; le mot duel n'est prononcé nulle
part.

Afin donc de résoudre cette question, nous nous
trouverons dans la nécessité de rechercher :

1° *Si par sa nature le duel est un fait qui puisse être*

----

(1) Réquisitoire de M. le Procureur général Dupin, imprimé par
ordre de la Cour, p. 35.

alteint, sans qu'aucune loi pénale le punisse nominati-
vement.

2° *Si les législateurs ont voulu comprendre, sans le nom-*
mer, le duel dans la répression telle qu'elle existe des crimes,
contraventions et délits.

Ce sont là deux ordres d'idées qui, pour notre dé-
monstration, s'enchaînent l'une à l'autre, et quoique
distinctes, sont corrélatives entre elles.

Nous poserons en affirmation :

1° *Que le duel ne peut être atteint que par une loi qui le*
nomme expressément, par une loi spéciale.

2° *Que les auteurs de la législation qui nous régit n'ont pas*
voulu atteindre le duel par les peines qu'ils ont établies
contre les homicides.

Si nous démontrons ces deux propositions, nous
aurons alors prouvé que l'arrêt de la Cour royale de
Paris, Chambre des mises en accusation, du 10
août 1838, qui renvoie des poursuites les sieurs
Gilbert, Déroy et Robin, ne doit pas encourir la cassation, et que le pourvoi de monsieur le Procureur général près la Cour royale de Paris doit être rejeté.

PREMIÈRE PROPOSITION.

Le duel par sa nature est un fait qui ne peut être at-
teint que par une loi qui le nomme expressément,
par une loi spéciale.

Les sociétés qui croient à une loi morale antérieure
à leur existence, considèrent cette loi comme le cri-
térium des actions de leurs membres ; le législateur

auquel elles délèguent la charge de porter des peines, devra donc comparer les actions à cette loi ; par cette comparaison, il arrivera à reconnaître que toutes celles qui violent la loi sont mauvaises, et qu'elles seules peuvent être punies.

Toute loi pénale portée de ce point de vue sera conforme à la justice absolue. Au contraire, toute loi qui ne reposerait pas sur cette base, serait injuste, et si la force, dans des temps calamiteux, pouvait la créer et l'imposer, nul doute que la tyrannie étant passée, ou étant trop faible, les magistrats ne dussent justement se refuser à son exécution.

C'est ainsi que, dans de mauvais jours, des cœurs généreux refusèrent d'exécuter les ordres criminels, mais légaux, qui leur prescrivaient d'assassiner leurs frères ; l'assentiment des siècles a immortalisé leur noble résistance.

Mais si le législateur ne doit pas oublier la première d'entre toutes les règles, il en est une autre encore qu'il ne peut se dispenser d'observer.

Ce n'est pas tout de faire de bonnes lois en elles-mêmes, des lois justes au point de vue de la loi morale, il faut aussi examiner si on doit les porter et comment on doit les porter.

Il faut considérer les mœurs du peuple qu'on veut régir, et, pour parler notre moderne langage, il faut tenir compte de l'opinion publique.

Écoutons nos grands publicistes : Que nous dit Montesquieu ?

« Les mœurs et les manières sont des usages que

« les lois n'ont pas établis ou n'ont pas pu ou n'ont
« pas voulu établir (1). »

Les lois doivent donc tenir compte des usages et des
mœurs, et cela d'autant mieux que la plupart du
temps elles ne les ont pu établir, et que bien souvent
elles n'ont pas d'influence sur elles.

Continuons :

*« Comment les lois doivent être relatives aux mœurs et aux
« manières. »*

« On demande à Solon, si les lois qu'il a données
« aux Athéniens sont les meilleures. — Je leur ai
« donné, répondit-il, les meilleures de celles qu'ils
« pouvaient souffrir. Belle parole qui devrait être en-
« tendue de tous les législateurs (2). »

Que nous dit Rousseau?

« Comme avant d'élever un grand édifice, l'archi-
« tecte observe et sonde le sol pour voir s'il en peut
« soutenir le poids, le sage instituteur ne commence
« pas par rédiger des lois bonnes en elles-mêmes,
« mais il examine auparavant si le peuple auquel il les
« destine est propre à les supporter; c'est pour cela
« que Platon refusa de donner des lois aux Arcadiens
« et aux Cyrénéens, sachant que ces deux peuples
« étaient riches, et ne pouvaient souffrir l'égalité; ce
« fut pour cela qu'on vit en Crète de bonnes lois et de
« méchants hommes, parce que Minos n'avait disci-
« pliné qu'un peuple chargé de vices (3). »

---

(1) Esprit des lois, liv. 19, chap. 16.
(2) Esprit des lois, liv. 19, chap. 21.
(3) Contrat social, chap. 8.

Ainsi donc, c'est un devoir pour le législateur, de considérer les mœurs du peuple qu'il veut régir.

Si le législateur doit faire état de l'opinion publique, c'est incontestablement afin qu'il puisse décider : soit qu'il ne portera pas une loi pénale contre une action mauvaise, soit, s'il doit la porter, de quelle manière il la rendra.

Il se tromperait donc étrangement, si les yeux fixés sur la loi morale, règle de tous les devoirs des hommes, voyant combien elle est méconnue, il voulait porter des peines contre toutes les actions qui blessent cette loi immuable, sans tenir aucun compte des mœurs et de l'opinion essentiellement changeantes et mobiles.

Il méconnaîtrait cette vérité, que la morale qui juge les actions ne suffit pas pour autoriser à les punir; qué pour être punissable il ne suffit pas qu'une action soit essentiellement mauvaise, qu'il faut encore d'autres conditions (1).

Une de ces conditions, c'est l'assentiment de l'opinion publique et des mœurs.

De ces vérités il résulte souvent, que le législateur refuse de porter des peines contre des actions mauvaises par leur nature, et dont les auteurs cependant ne sont pas réprouvés par l'opinion (2).

---

(1) M. Délzers, Cours de droit criminel, cité *infra*.

(2) Pascal le dit lui-même dans le passage qu'on en a cité :

« Les édits du roi, si sévères sur ce sujet (le duel), n'ont pas
« fait que le duel fût un crime ; il n'ont fait que punir le crime
« qui est inséparable du duel. »

Ainsi donc le duel, qui est un crime, blessait toute morale; et cependant il était impuni avant les édits.

« Mais, a-t-on dit d'une voix éloquente, si l'opinion
« consacre un préjugé, voulez-vous le défendre? A
« quelle fin sont donc institués les magistrats? Est-ce
« pour céder aux préjugés ou pour y résister? Prê-
« tons-nous serment au préjugé ou à la loi? »

Ces paroles sont belles et nobles sans doute; mais
qu'au mot de préjugé on vienne sul ituer celui de
juste opinion, que deviendront-elles? Où sera leur
force?

Faudrait-il commencer une discussion? Elle de-
viendrait interminable, et chacun resterait de son
avis.

Ne doit-on pas faire alors ce qu'enseignent la raison
et la nature des choses?

Reconnaître qu'il y a là un fait patent, certain,
diversement nommé, il est vrai, mais qu'on ne peut
méconnaître.

Lors donc que le législateur aura reconnu que le
duel est punissable, qu'il peut être puni, il devra,
s'il veut mériter le nom de sage instituteur, considérer
les mœurs, les usages, les opinions du peuple, pour
savoir comment il le réprimera.

Nous lisons encore dans le Cours de droit criminel, professé à
la faculté de droit de Paris d'une manière si remarquable par
M. Delzers : « Avoir indiqué les limites qui séparent le bien du mal,
« et avoir indiqué les règles à l'aide desquelles on peut apprécier
« la moralité des actions des hommes, ce n'est pas avoir montré
« quelles sont celles qui sont punissables et celles qui ne le sont
« pas; évitons avec soin toute confusion sur ces deux points. Pour
« être punissable, il ne suffit pas qu'une action soit essentielle-
« ment mauvaise, il faut encore le concours d'autres conditions. »

Il se demandera pour quelle cause l'opinion , qui a toujours considéré comme assassin l'homme qui prive son semblable de l'existence , sans l'avertir et à la surprise , n'a jamais voulu mettre au même rang ceux qui font convention mutuelle de s'arracher la vie.

Quelle est la cause de cette opinion?

Laissons parler un publiciste duquel on ne récusera pas l'avis en cette matière (1).

« Il n'est pas nécessaire, à mon avis, dit Barbeyrac; « que les lois défendent expressément le duel pour « qu'on puisse le regarder comme un combat illicite « où celui qui tue son adversaire est toujours vérita- « blement homicide (2).

« Cela suit de la constitution même des sociétés ci- « viles ; une des principales raisons pourquoi elles ont « été formées, c'est afin que chacun ne se fît pas jus- « tice à soi-même dans sa propre cause, où il est si diffi- « cile que l'amour-propre ne nous fasse pas de grandes « illusions, et ne nous entraîne pas au-delà des bor- « nes de l'équité; c'est aussi une des parties les plus « considérables du pouvoir souverain que celui de faire

---

(1) Puffendorf traduit par Barbeyrac. Droit de la nature et des gens, liv. 2, chap. 5, § 9, note 3me.

(2) Veut-on dire que le duel n'a pas besoin , pour être crime , que la loi le déclare crime? C'est notre avis, et nous sommes convaincus que Barbeyrac l'entendait ainsi.

Mais a-t-on voulu dire que le duel n'avait pas besoin d'être nominativement désigné pour tomber sous l'application des lois qui punissent l'homicide en général?

Nous verrons plus tard ce qu'il faut penser de cette interprétation d'après Barbeyrac lui-même, et d'après Puffendorf.

« obtenir à chaque citoyen la réparation des injures
« qu'il peut avoir reçues : de là suit, que quiconque veut
« se faire justice à soi-même, *hors le cas où il ne sau-*
« *rait l'obtenir par le moyen du magistrat,* attente sur
« les droits de l'État, et s'érige lui-même en souverain.
« Cela a d'autant plus lieu ici que souvent l'insulte est
« imaginaire. »

Ainsi : vous recevez une injure ; si, pouvant en obtenir la réparation par le moyen du magistrat, vous
vous la rendez à vous-même, vous êtes coupable et
d'autant plus qu'en pareille matière vous pouvez vous
faire illusion, c'est-à-dire prendre pour injure ce
qui n'en est pas une, parce qu'elle n'est pas telle aux
yeux de tous.

Mais si vous ne vous faites pas illusion, si le magistrat ne vous fait pas obtenir justice (1), vous pouvez vous la rendre à vous-même.

---

(1) Nous citerons à cet égard le passage suivant de Servan. (Ce
passage, écrit sur la nécessité de la diligence dans la justice, porte
à fortiori sur la nécessité de la rendre.)

« Une règle non moins essentielle pour l'administration de la
« justice criminelle, c'est la diligence dans l'instruction : il est
« étonnant qu'un devoir si important, si sacré, soit si souvent
« négligé.

« Un crime quelconque nuit toujours à quelque citoyen en par-
« ticulier, et en général à toute la société dont il est membre.
« Le magistrat est chargé de ce double intérêt, et la diligence
« fait une partie de son devoir, parce qu'elle fait tout le succès
« de ses soins.

« L'homme, dans l'état de nature, avait le droit de repousser
« la violence par la violence et l'injure par l'injure ; chacun exi-
« geait la réparation des maux qu'il avait soufferts, au gré des

Si vous pouvez vous rendre justice à vous-même,
en le faisant vous ne commettez ni crime ni délit. Ne

« circonstances et de ses forces ; ce n'était pas un des moindres
« inconvénients de l'état de nature : les crimes du plus fort étaient
« toujours impunis et ses vengeances étaient toujours atroces.
« L'amour-propre, terrible dans sa délicatesse, écrase sans pitié
« tout ce qui le blesse ; et tel homme dans l'impétuosité de la pas-
« sion sacrifierait l'univers pour une sensation.

« L'ordre civil ramena tou à l'équité, chacun cessa d'être
« juge dans sa propre cause ; des lois égales pour tous mesurèrent
« la réparation sur le mal et le châtiment sur le crime, et des
« magistrats les firent exécuter sans passion comme sans pitié. Ils
« sont devenus les dépositaires de la force et du droit que la na-
« ture a donnés à tous les hommes de veiller à leur conservation,
« d'éloigner les maux et même de s'en venger.

« Chaque homme, en devenant citoyen, n'a cédé ses droits que
« pour en mieux assurer l'usage. Il n'a substitué la règle à la vio-
« lence, que pour atteindre plus tôt à son but, et n'a renoncé à
« l'emploi de ses forces particulières que pour acquérir celle du
« public : tel est donc le devoir du magistrat dans sa rigueur ; il
« doit punir l'offense avec plus de modération, mais peut-être
« avec plus de célérité que l'offensé lui-même, et il semble que
« ce qu'il lui fait perdre sur la mesure du châtiment, il doit le lui
« faire recouvrer sur le temps.

« Ainsi, tout citoyen qui dénonce un crime au magistrat, lui
« dit secrètement : Je suis offensé, et peut-être je serais déjà vengé
« si vous ne m'aviez lié les mains avec vos lois ; je ne m'en plains
« pas : moi-même j'y ai consenti ; mais sous la condition que vous
« prendriez ma place en déployant pour ma défense toute la force
« publique ; j'ai rempli mon engagement, et je n'ai point agi ; c'est
« à vous d'exécuter le vôtre en agissant pour moi ; chaque mo-
« ment perdu est une violation de vos serments, et il serait affreux
« de m'avoir ôté les forces de l'état de nature pour me livrer sans
« défense aux maux de l'état civil.

« Voilà ce que tout citoyen dit, ou du moins sent en lui-
« même, et tandis qu'il sollicite une réparation longtemps atten-
« due, victime en même temps de l'audace du crime et de l'in-
« dolence du juge, il contemple sa situation avec amertume. »
(Discours sur l'administration de la justice criminelle.)

commettant ni crime, ni délit l'opinion ne pourrait, sans être injuste, vous considérer comme assassin. Aussi ne le fait-elle pas, et ne veut-elle point sanctionner les peines qui, dans ce cas, seraient portées contre vous.

En cela, elle est logique et raisonnable.

Ces opinions ont été professées depuis longtemps déjà.

Écoutons Puffendorf (1) :

« Ajoutons néanmoins, dit-il, qu'encore qu'on
« doive juger les choses suivant les idées des sages, et
« non suivant l'opinion du vulgaire, cependant,
« comme tout le monde n'a pas l'esprit assez philoso-
« phe pour supporter le mépris et les moqueries de la
« plus grande partie de ses concitoyens, et que, d'ail-
« leurs, le caractère de plusieurs ne le leur permet
« pas, il faut infliger des peines très rigoureuses à ceux
« qui osent faire quelqu'une de ces injures auxquelles
« on a attaché une grande ignominie dans le pays où
« l'on vit. *Autrement, je ne vois pas comment un ma-*
« *gistrat peut user, avec raison, de sévérité, contre*
« *ceux qui repoussent les atteintes données à leur ré-*
« *putation, conformément à la coutume et aux idées*
« *reçues, pendant que lui-même néglige de punir ces*
« *sortes d'insultes qui déshonorent si fort dans l'es-*
« *prit du commun des hommes.* Ainsi, lorsqu'on
« veut défendre les duels, on doit établir en même

______

(1) Puffendorf, Droit de la nature et des gens, liv. 2, chap. 5, § 12, *in fine.*

« temps des peines très rigoureuses contre ceux qui
« donneront un soufflet, ou qui feront, soit en actions
« ou en paroles, quelque autre outrage qui emporte
« une grande flétrissure dans tout le pays où les dé-
« fenses s'étendent.

« Car pour ce qui regarde le raisonnement de Gro-
« tius, que l'honneur n'étant autre chose que l'opi-
« nion qu'on a des qualités distinguées de quelqu'un,
« celui qui souffre patiemment une telle injure, té-
« moigne par là une patience au-dessus du commun;
« et ainsi, bien loin de faire brèche à son honneur, il
« l'augmente; c'est là, je l'avoue, une belle philoso-
« phie, mais qui n'est pas de grand usage dans la vie
« civile (1). »

Ces vérités et toutes les conséquences qui en déri-
vent sont inattaquables, si ce n'est de deux manières :

1° En soutenant qu'il n'y a pas eu et qu'il n'y aura
jamais un seul duel, sans que les deux combattants
n'y soient portés par des motifs ridicules, frivoles,
ou odieux, c'est-à-dire qu'il y a toujours illusion dans
le duel.

Or, énoncer une pareille proposition, c'est la réfuter.

2° Que le magistrat peut, armé de la loi en vigueur,
faire obtenir réparation de toute espèce d'injure.

Or, nos lois pénales ont-elles ce pouvoir?

---

(1) Que devient donc cette interprétation qui veut faire dire à
Barbeyrac, et à Puffendorf son traducteur, que le duel peut
être puni par la loi générale sur les homicides?

Personne ne pourrait répondre affirmativement (1).
Ainsi absence de protection suffisante contre une

---

(1) Il suffit de lire, à cet égard, les articles 375 et 376 du Code
pénal.

Voici, sur ce sujet, ce que M. Barthe, aujourd'hui garde des
sceaux, écrivait en 1829. Ce passage est cité par M. Mongalvy,
dans un article inséré dans la Revue étrangère et française de législation et d'économie politique, cahier de septembre 1837.

« Une loi contre le duel réclame nécessairement quelques mo-
« difications à la loi qui punit l'injure; on ne saurait exiger des
« hommes de se vaincre assez eux-mêmes pour pardonner l'ou-
« trage dont ils ont été l'objet. Il faut qu'ils trouvent une satisfac-
« tion dans la loi, si la loi leur défend de se faire justice à eux-
« mêmes. J'en appelle à tous ceux qui ont quelque connaissance
« du cœur humain. La disposition pénale qui frappe de 1fr. à 5 fr.
« d'amende, l'injure grave adressée sans publicité à un homme
« d'honneur, à son épouse, à sa fille, ne paraît-elle pas une déri-
« sion ou plutôt une provocation à se venger par d'autres voies.
« Dans la classe pour laquelle l'amende de 1 fr. à 5 fr. est une
« peine suffisante pour punir des injures verbales qui n'ont jamais
« de gravité, le duel n'est guère à redouter; pour la classe pour
« laquelle le duel se trouverait enraciné, telle injure proférée,
« peut-être avec cynisme, doit être sévèrement punie. En un
« mot, le minimum de la peine contre l'injure peut rester fixé
« comme il l'est déjà par la loi ; mais la peine doit pouvoir s'é-
« tendre jusqu'à la privation de la liberté, selon la gravité de l'in-
« jure et selon la position des individus. »

M. Mongalvy fait sur ce passage les réflexions suivantes : « Nous
« reproduisons à dessein ces observations judicieuses, parce qu'il
« est constant que les lois concernant l'honneur sont en général
« trop insuffisantes pour que l'offensé puisse y trouver la répara-
« tion qu'il exige, et qu'avant de songer à faire une loi sur le
« duel, il faut réviser la législation relative aux injures contre les
« personnes; lorsque la loi n'offrira plus à l'insulte une réparation
« dérisoire, les caractères les plus fiers lui demanderont protec-
« tion, et déjà l'on aura fait plus qu'on n'aurait su faire encore,
« pour abolir le barbare, injuste et inégal mode de vider les que-
« relles privées. »

injure grave et réelle ; par suite nécessité de se faire justice à soi-même.

Telles sont les causes pour lesquelles, l'opinion publique met une immense différence entre l'homme qui se bat en duel et l'assassin.

Le législateur arrivé à ce point sera donc logiquement amené à conclure, que ce sera seulement alors qu'il aura forcé l'opinion de placer au même rang l'homme qui se bat en duel, devenu toujours duelliste, et l'assassin, qu'il pourra porter contre le duel des peines efficaces et justes.

De quelle manière et par quel moyen le législateur pourrait-il forcer l'opinion à appeler du nom d'assassinat toute mort d'homme, qu'elle provienne d'assassinat réel ou de duel?

Nous l'avons déjà dit :

Ce but sera atteint au moment où l'offensé pourra obtenir réparation, au moment où il ne pourra se porter au duel que par un motif odieux, non plus celui d'obtenir une juste satisfaction, mais par haine, par désir de mort d'homme.

L'offensé ne serait plus alors qu'un duelliste, et un duelliste est un assassin.

Une réparation suffisante ne sera assurée à l'offensé, que par la répression très sévère, des faits qui font le plus souvent naître le duel; l'insulte verbale et manuelle, publique ou privée, l'immoralité qui s'introduit au sein des ménages, ou qui attend dans la rue l'honnête homme et sa famille pour insulter et corrompre.

Arrivés à ce point de la discussion, jetons un regard en arrière; après avoir résumé en quelques mots les propositions que nous avons établies, nous ferons des pas plus fermes dans la carrière qui nous reste à parcourir.

La loi morale est le juge absolu des actions des hommes.

Jugé par cette loi, le duel est un fait essentiellement mauvais.

Tout fait essentiellement mauvais n'est pas par cela même punissable.

Outre la loi morale il y a encore d'autres juges des actions des hommes; ce sont les mœurs, les usages, l'opinion.

Les mœurs, les usages, l'opinion ne considèrent pas le duel comme une action essentiellement punissable.

Quelle en est la cause?

L'absence de liberté qui force un homme à se battre en duel.

Du moment que la liberté sera rendue à l'homme, l'action du duel, essentiellement mauvaise, sera essentiellement punissable.

Cette liberté lui sera rendue lorsque la société lui donnera protection contre les faits qui le portent au duel.

Cette protection consiste dans la répression sévère de ces mêmes faits.

Ainsi donc, il est incontestablement établi, que la juste répression du duel doit s'étendre non-seulement au duel lui-même, mais encore aux faits qui le provoquent et le font naître; bien plus, que pour être logique, la répression doit commencer d'abord par atteindre les faits qui sont toujours antérieurs au duel, et que la punition de celui-ci ne doit venir qu'après.

Nous avons saisi le duel dans sa plus haute généralité, sous l'aspect qui peut le plus frapper les esprits, et nous avons prouvé qu'il ne pouvait être réprimé par la législation existante.

Tout crime ou délit qui ne peut rentrer dans aucune des classifications de la loi commune, qui demande, pour être réprimé justement, une punition très sévère contre des faits, qui dans la loi commune ne pourraient sans injustice être frappés des mêmes peines ; tout crime ou délit, en un mot, qui doit être régi par des dispositions particulières, n'est-il pas un crime ou un délit d'une nature spéciale, un crime spécial (1) ?

Cela nous paraît hors de doute.

---

(1) Cette vérité on ne l'a pas contestée ; mais on a dit : « La lé-
« gislation du duel était exceptionnelle par la qualité des person-
« nes : or, la loi de 1791 ayant aboli les exceptions personnelles,
« le duel est rentré dans le droit commun. » C'est là, si nous ne
nous trompons, l'argument dont on s'est servi pour prétendre que
le duel, exceptionnel autrefois, ne l'était plus de nos jours.

Mais n'a-t-on pas oublié que la qualité exceptionnelle du duel,
quant aux personnes, est toute moderne ?

Et comme une bouche éloquente nous l'a dit : « C'est la liberté
« qui est ancienne en France et le despotisme nouveau. »

Or, l'origine du duel est dans le duel judiciaire, et le duel était
indiqué pour tous indistinctement, grands et petits.

« On ne saurait parler des Bourguignons (dit l'abbé Dubos dans
« son excellente Histoire critique de l'Établissement de la Monar-
« chie française, vol. 2, p. 458), sans observer que l'usage des
« duels judiciaires, ou des combats singuliers ordonnés juridique-
« ment, comme un moyen propre à faire connaître par le sort

Or, appliquer la loi commune au duel, délit

« des armes la vérité des faits qu'un accusé déniait, usage pratiqué
« si longtemps dans la monarchie, y avait été introduit par cette
« nation.

C'est leur roi Gondebaud qui le premier a mis cette loi en écrit
« dès l'an 501. »

Nous rapportons ici le texte de la loi dans lequel on n'établit
aucune distinction pour les personnes.

« *De his qui objecta sibi negaverint et præbendum obtulerint jus-*
« *jurandum.*

« Multos in populo nostro et pervicatione causantium, et
« cupiditatis instinctu ita cognoscimus depravati, ut de rebus
« incertis sacramenta plerumque offerre non dubitent, et de
« cognitis jugiter perjurare. Cujus sceleris consuetudinem præ-
« senti lege submoventes decernimus, ut quoties inter homines
« nostros causa surrexerit, et is qui pulsatus fuerit, non deberi à
« se, quod requiritur aut non factum quod objicitur sacramen-
« torum obligatione negaverit, hâc ratione finem litigio eorum op-
« portebit imponi, ut si pars ejus qui oblatum fuerit jusjurandum,
« noluerit sacramenta suscipere ; sed adversarium suum dixerit
« veritatis fiducia armis posse convinci , et pars diversa, non ces-
« serit pugnandi licentia non negetur..... quod si testis partis ejus
« quæ obtulerit sacramentum in eo certamine fuerit superatus,
« omnes testes qui se promiserant juraturos, trecenos solidos
« mulctæ nomine cogantur exsolvere, etc. »

Lex. Burg. Titulo 35.

Mais voudrait-on prétendre que les Bourguignons étaient considérés comme plus nobles que les autres peuples, et en inférer que
le duel dans son origine était exceptionnel par les personnes ?

Lisons encore l'abbé Dubos : «On voit par la loi des Ripuaires,
« dit-il, que les Francs se réputaient valoir mieux que les Bourgui-
« gnons, tandis que cette loi (la loi gombette) condamne le Ri-
« puaire qui aurait tué un Franc, à une peine pécuniaire de deux
« cents sols d'or, elle ne condamne qu'à cent-soixante sols d'or
« le Ripuaire qui aurait tué un Bourguignon. Ils avaient part ce-
« pendant comme le Franc aux principaux emplois de la monar-
« chie, et ils servaient dans les armées. »

(Dubos, loco citato.)

Que nous dit Montesquieu? « La constitution de Charlemagne,
« insérée dans la loi des Lombards, veut que ceux à qui elle per-

spécial, n'est-ce pas commettre une injustice (1)?

« met le duel combattent avec le bâton; peut-être fût-ce un mé-
« nagement pour le clergé; peut-être que, comme on étendait
« l'usage des combats, on voulut les rendre moins sanguinaires.
« Les capitulaires de Louis-le-Débonnaire, en 809, donnèrent le
« choix de combattre ou avec le bâton ou avec les armes; dans la
« suite il n'y eut que les serfs qui combattaient avec le bâton. »
(Esprit des lois, liv. 28, ch. 20.)

Ainsi, lors de son origine, et longtemps encore après, le duel
n'était pas exceptionnel par la qualité des personnes; ce n'a été
que lors de l'invasion du despotisme féodal duquel hérita le despotisme royal, que le duel fut déclaré exceptionnel par la qualité
des combattants, lors donc qu'aux mémorables époques de 1789 et
1791, une révolution vint briser l'ordre ancien, tout ce que le duel
avait d'exceptionnel par la qualité des personnes s'évanouit, tous
les Français reprirent leurs anciens droits et furent déclarés égaux
devant la loi.

Mais les législateurs pouvaient-ils détruire ce que le duel avait
d'exceptionnel par sa propre nature? Ils ne l'ont pu faire; car
il n'était pas dans leur pouvoir de changer la nature du duel.

(1) On a cependant soutenu une opinion contraire; les partisans de cette opinion raisonnent ainsi : « Dans l'échelle des crimes
« et des peines, les même faits amènent logiquement la même répres-
« sion ; un homme assassiné, un autre tué en duel ; deux hommes
« sont morts violemment, partant il y a deux assassinés et deux as-
« sassins. » Pour prouver combien un pareil raisonnement est vicieux,
citons ces quelques paroles de Bentham, tom. 1, pag. 73 et 74,
rapportées par Legraverend, *Traité de la législation criminelle*,
tom. 1, pag. 39. — Préface. « Les mêmes peines, dit-on, pour les
« mêmes délits; cet adage a une apparence de justice et d'impar-
« tialité qui a séduit les esprits superficiels. Pour lui donner un
« sens raisonnable, il faut déterminer auparavant ce qu'on entend
« par mêmes peines et même délits. Une loi inflexible, une loi qui
« n'aurait égard ni au sexe, ni à l'âge, ni à la fortune, ni au rang,
« ni à l'éducation, ni aux préjugés moraux et religieux des indivi-
« dus serait doublement vicieuse, et comme inefficace et comme
« tyrannique, trop sévère pour l'un, trop indulgente pour l'autre,
« toujours péchant par excès ou par défaut; sous une apparence
« d'égalité, elle cacherait l'inégalité la plus monstrueuse. »

Pourrait-il y avoir doute s'il faut punir spéciale-
ment un délit spécial?

En ce cas, nous invoquerons encore l'opinion de
Servan et celle de Montesquieu.

« Les lois criminelles, dit Servan (1), ne sauraient
« donc être trop étendues et trop précises; précises,
« pour séparer les objets; étendues, pour développer
« chacun d'eux, car les détails superflus dans d'autres
« lois, sont indispensables dans les lois criminelles,
« parce que les actions sont bien plus difficiles à dé-
« terminer que les droits, et qu'il faut décrire les
« unes, lorsqu'il suffit de définir les autres. »

« C'est le triomphe de la liberté, dit Montesquieu (2),
« lorsque les lois criminelles tirent chaque peine de
« la nature particulière des crimes, tout l'arbitraire
« cesse, la peine ne dépend pas du caprice du législa-
« teur, mais de la chose; ce n'est point l'homme qui
« fait violence à l'homme. »

La Cour ne voudra pas que la liberté succombe,
que l'arbitraire règne, que le caprice fasse des lois;
elle ne voudra pas que l'homme fasse violence à
l'homme; elle reconnaîtra que le duel doit être puni
par une loi spéciale.

Or, cette loi spéciale n'existe pas; nous pourrions
donc dès à présent répondre à notre question générale
et affirmer que le duel n'est pas réprimé par la législation actuelle.

Mais, dira-t-on, les législateurs n'ont pas par-

---

(1) Servan, de l'Administration de la justice criminelle.
(2) Esprit des lois, liv. 12, chap. 4.

tagé votre avis ; ils ont pensé que le duel pouvait être réprimé par la loi commune ; ils l'ont compris dans cette loi.

D'abord, cette défense présente un grave inconvénient.

Si l'on soutient que l'intention du législateur est telle qu'on l'annonce, on l'accuse d'impuissance et d'injustice.

« Car, dit Puffendorf (1), prescrire une loi qu'il « est impossible d'appliquer, sans que ceux à qui on « l'impose se soient mis, par leur propre faute, hors « d'état d'obéir, c'est une entreprise, non-seulement « vaine, mais encore souverainement injuste. »

Or, il faudrait être bien téméraire pour accuser le législateur d'injustice et d'impuissance.

En second lieu, rien ne prouve que le législateur ait voulu comprendre le duel dans la loi commune ; loin de là, tout démontre le contraire ; c'est ce qui fait l'objet de la deuxième partie de notre discussion.

DEUXIÈME PROPOSITION.

Les législateurs n'ont pas voulu comprendre, sans le nommer, le duel, dans la répression telle qu'elle existe, des crimes, contraventions ou délits.

Pour arriver à la preuve de cette affirmation, nous avons à faire l'histoire des différentes législations pénales qui se sont succédé de 1791 jusqu'à nos jours, dans leurs rapports avec la question du duel. C'est

____

(1) Droit de la nature et des gens, liv. 1er, chap. 6, § 16.

par là seulement que nous pourrons arriver à connaître les intentions du législateur.

En 1789, la révolution qui s'avançait renversa toute
la législation spéciale sur le duel; on détruisit alors,
mais on n'éleva rien.

Ceci ne peut faire le sujet d'aucun doute.

Cependant l'usage du duel n'était pas déraciné, et
les circonstances politiques qui agitaient toute la
France, ne pouvaient que faire naître de nombreuses collisions entre les citoyens.

Il devait en résulter des duels; en effet, beaucoup
eurent lieu. Parmi le grand nombre qui passèrent
inaperçus, deux furent remarqués à cause de l'émi-
nente position des combattants.

Dans le mois d'août 1790, Barnave et Cazalès,
membres de l'Assemblée nationnale constituante, se
battirent en duel au bois de Boulogne.

« Les deux partis montrèrent, disent les auteurs
« de l'Histoire parlementaire de la Révolution fran-
« çaise (1), une vive sympathie pour leurs champions
« respectifs. Au reste, les républicains blâmèrent
« beaucoup Barnave de cette démarche; le duel était
« alors ouvertement condamné par les hommes qui
« appelaient de tous leurs vœux le règne de la vraie
« morale. »

Dès cette époque, nous le voyons, on demandait la
répression du duel.

Mais l'opinion publique se prononça avec une bien

---

(1) Histoire parlementaire de la Révolution française, par
MM. Buchez et Roux, tom. 7, pag. 49.

autre énergie, lorsque, dans le mois de novembre de la même année, eut lieu le duel de Charles de Lameth avec le duc de Castries.

Ce duel eut un immense retentissement, tant dans l'Assemblée qu'à Paris, et dans les provinces.

On ne pourrait dire le nombre des pétitions, des adresses, qui furent, à cette occasion, envoyées à l'Assemblée: toutes demandaient une répression sévère du duel; toutes demandaient une loi qui arrêtât cette fureur homicide qui paraissait s'être emparée de la société.

Parmi ces adresses, quelques-unes seulement ont été imprimées; beaucoup sont restées manuscrites, et les originaux en sont déposés aux archives du royaume (1).

Nous nous contenterons de citer l'adresse du bataillon de Bonne-Nouvelle avec la réponse du président de l'Assemblée (2), et l'adresse de la municipalité

---

(1) On peut consulter quelques-unes des pièces qui sont aux archives sous les indications suivantes : E. IV.—Observations. Mémoires et pétitions contre le duel.—Février 1790 à février 1791, f° 256, n° 1419.

(2) Une députation du bataillon de Bonne-Nouvelle présente une pétition tendant à faire rendre un décret, qui déclare crime de lèse-nation tous hommes qui provoqueront en duel les membres de l'Assemblée constituante nationale, et en général à abolir le duel.

Réponse du Président.

« L'Assemblée nationale reçoit avec une douloureuse sollicitude votre pétition; l'objet de législation dont vous demandez qu'elle s'occupe intéresse toute la nation. Déjà des lois avaient tenté de pourvoir à des actes qui déshonorent autant ceux qui les provoquent, qu'ils rendent à plaindre ceux qui les acceptent; froissés

de Paris (1 lue à l'Assemblée nationale dans la séance du 13 novembre 1790, suivie également de la réponse du président.

L'opinion publique à cette époque se manifestait énergiquement, comme nous le voyons; la sollicitude de l'Assemblée était vivement appelée sur la répression du duel.

---

entre l'honneur et la loi, ils sont obligés de sacrifier leur vie et leur réputation, ou d'encourir des peines légales.

« Une régénération entière amènera sans doute un grand changement dans les opinions sur l'honneur.

« L'Assemblée ne peut pas être indifférente à ce que vous lui dénoncez.

« Elle prendra votre pétition en considération très sérieuse. »

(1) Le maire de Paris à la barre lit ce qui suit :

Municipalité de Paris.—Corps municipal.—Extrait des registres du corps municipal du 13 novembre 1790.

« Le corps municipal, alarmé de la fréquence des combats singuliers dans la capitale, considérant comme un de ses premiers devoirs d'empêcher le retour des désordres dont il gémit en ce moment, et dont les suites peuvent être si funestes,

« A arrêté, qu'il serait à l'instant député vers l'Assemblée nationale, pour la supplier de porter, le plus tôt possible, une loi qui rappelle puissamment les citoyens aux règles de la morale, et les préserve à jamais des suggestions..... incompatibles avec le caractère d'un peuple libre et juste. »

« Signé BAILLY, Maire.

« DEJOLY, Secrétaire-général. »

Réponse du Président.

« L'Assemblée nationale vient de s'expliquer sur une demande semblable à celle que vous lui présentez. Elle n'a jamais douté de votre vigilance à maintenir l'exécution des lois et la tranquillité publique, et elle est persuadée que vous eussiez été les premiers à exercer cette noble fonction, si les circonstances vous l'eussent permis.... Elle s'occupera incessamment de votre demande. »

Aussitôt la lecture de l'adresse du corps municipal, et après la réponse du président, un membre proposa de donner lecture d'un projet de décret sur les duels, qu'il avoit annoncé à l'Assemblée depuis longtemps.

On demanda le renvoi du projet aux comités de constitution et de judicature réunis (1).

Le 4 février 1791, l'Assemblée rendit un décret portant, que le comité de constitution présenterait, dans le plus bref délai, un projet de loi contre le duel (2).

Le 23 avril suivant, l'Assemblée reçut une lettre anonyme, dans laquelle on l'invitait à proscrire le duel, et à ne pas remettre à la législature suivante, pour porter une loi sur cet objet (3).

Les choses étaient en cet état, lorsque dans les séances des 22 et 23 mai, Lepelletier de Saint-Fargeau, rapporteur des comités de constitution et de législation criminelle, lut son rapport et le projet de Code pénal.

Ni dans le rapport, ni dans le Code pénal, le mot de duel n'est prononcé.

Or, ce silence remarquable n'a pu être involontaire; de trop nombreux renvois avaient eu lieu aux comités réunis; l'opinion publique sur le duel était si palpitante qu'il est impossible qu'un oubli ait eu lieu.

Personne d'ailleurs n'a soutenu cette opinion, et il est bien constant aujourd'hui que ce silence était volontaire.

---

(1) Séance du 13 novembre 1790. Procès-verbaux de l'Assemblée nationale constituante, vol. 32.
(2) Procès-verb aux de l'Assemblée, vol. 45.
(3)　　　dito　　　dito　　　dito.

Il se présente alors deux hypothèses :

1° Ou les législateurs n'ont pas voulu nommer le duel, parce qu'ils le croyaient suffisamment atteint par le Code pénal ;

2° Ou bien ils n'ont pas voulu le nommer, parce qu'ils se réservaient de faire ultérieurement une loi sur ce sujet.

La première opinion a été adoptée par un illustre magistrat qui s'est ainsi exprimé :

« Mais ce projet fut renvoyé à la commission du
« Code pénal, et après une conférence entre les comi-
« tés, on renonça à faire une législation spéciale pour
« les duels ; on préféra établir un droit commun ;
« mais dans des termes si généraux, qu'ils ne compor-
« tassent aucune exception favorable aux duels. »

Voilà des paroles dont la gravité est grande ; mais plus nous sommes disposés à reconnaître la force des affirmations prononcées par une telle bouche, plus nous avons dû tenir à nous éclairer en remontant aux sources. Eh bien ! nous le disons, après les recherches les plus minutieuses, dans les archives du royaume et des divers ministères, nous n'avons pu parvenir à saisir la trace des délibérations des comités.

C'est là, avions-nous pensé, que devaient se trouver clairement exprimées les intentions du législateur.

Par nos recherches nous avons acquis la conviction, que les délibérations des comités n'avaient pas été écrites sur des registres ; que dès lors, toutes les feuilles éparses, sur lesquelles, ces délibérations avaient pu être relatées, n'ayant pas été recueillies ; et mises en ordre à l'instant même, elles avaient dû facilement s'égarer et se perdre.

Cependant, nos recherches n'ont pas été totalement infructueuses ; nous avons trouvé l'original du Code pénal de 1791, avec des annotations, que nous croyons être de la main du rapporteur, Lepelletier de Saint-Fargeau (1).

L'article 7 du titre 2 de la première section, lequel, à ce que l'on prétend, dans l'intention du législateur frappe le duel, n'est nullement annoté, et cependant quelle extrême importance n'y avait-il pas à observer un fait si particulier par sa nature !

Nous n'avons remarqué dans aucun des auteurs qui ont écrit sur cette époque, une affirmation pareille à celle que nous avons citée ; peut-être cela nous a-t-il échappé ; mais, en tout cas, pour être persuadés que telle a été l'intention des législateurs, aurions-nous besoin de plus qu'une affirmation, aurions-nous besoin d'une preuve certaine et irrécusable ?

En effet, comme nous l'avons établi dans la première partie de notre discussion, le législateur aurait commis une grande injustice, s'il avait voulu punir des mêmes peines tout homme qui tue son adversaire en duel, et l'assassin.

Or une injustice ne se suppose pas, elle se prouve.

____

(1) Cet original se compose des feuilles coupées des différents procès-verbaux de l'Assemblée, qui étaient imprimés jour par jour ; sur ces feuilles, tout ce qui n'a pas trait au Code pénal est rayé, et en marge sont des annotations manuscrites sur tous les articles importants ou qui présentaient quelques doutes.

Cette pièce est classée aux Archives. Reg. C., § 1er, n° 775.

Nous pouvons donc considérer, comme certain, jusqu'à preuve contraire, que l'intention du législateur n'a pas été, comme nous l'avons dit dans notre première hypothèse, de faire tomber le duel sous l'application du Code pénal de 1791.

Si telle n'a pas été son intention, il n'a pu que rentrer dans notre seconde hypothèse, c'est-à-dire remettre à une législature suivante le soin de porter des peines contre le duel.

Nous avons encore d'autres motifs pour persévérer dans cette opinion.

Parmi les moyens qui nous sont donnés pour connaître, après un long espace de temps, la vérité des faits sur lesquels il y a doute, l'on a toujours considéré l'opinion des contemporains, comme un des moins équivoques et des plus sûrs.

Que peut-il y avoir, en effet, de plus certain que l'opinion d'un contemporain, impartial, par cela même qu'il ne fait que mettre à jour ses opinions et les opinions de ceux qui l'entourent. Bien certainement on doit avoir foi dans la sincérité de sa conviction; il peut se tromper, sans doute; mais alors il faut le démontrer par des preuves; si on ne le fait pas, quelle croyance peut mériter une assertion contraire?

Eh bien! dans nos recherches, nous avons trouvé aux archives du royaume, deux lettres, écrites quelque temps après la présentation du Code pénal, qui démontrent que, aux yeux de leurs auteurs, le Code pénal de 1791, n'atteignait pas le duel (1).

____

(1) Première lettre.—Monsieur le Président, l'Assemblée natio-

On nous objectera peut-être que ces lettres vien-
nent de citoyens obscurs, inconnus, que l'une même
est anonyme.

---

nale a promis aux Français, armés pour le maintien de la constitution, une loi contre les duels.

Cette loi ne fait pas partie du Code pénal, et cependant l'acte
constitutionnel est achevé.

La multiplicité des travaux des comités, est sans doute cause de
l'oubli d'une loi dont dépend le repos de la société, puisqu'elle
servira de rempart au père de famille contre la vengeance et la
haine du célibataire féroce, sanguinaire, maître d'armes, par conséquent assassin prémédité de son écolier.

Fidélité à la Constitution.

ANTOINE,
Citoyen de la section de l'Observatoire.

Paris, 6 août 1791.

Comité de constitution, R. 6 août, n° 32.

Deuxième lettre. — Comité de constitution. — Paris, R. 19 août.

Monsieur le Président, la France entière s'attendait que dans la
première année de cette législature, l'Assemblée rendrait un décret solennel contre le duel, ce fléau du faux point d'honneur et
de la déraison, et nous voilà bientôt à la fin de la session sans qu'il
paraisse qu'elle veuille ou qu'elle doive s'en occuper; jamais cependant circonstance n'a été plus impérieuse ni plus urgente pour
faire éclore ce précieux décret; je crois, en deux mots, devoir observer, Monsieur le Président, que si l'Assemblée se laisse dissou-
dre sans rendre cette loi si nécessaire et depuis si longtemps at-
tendue, elle prêtera à ses adversaires de nouvelles armes pour la
censurer et pour dire avec raison qu'elle aura négligé de s'occuper d'un point très essentiel et des plus importants à la tranquillité
d'un peuple libre.

Je suis avec respect,

Monsieur le Président,

L'amy de la paix, et l'un des plus fidèles patriotes.

Paris, le 17 août 1791.

Ces lettres sont au dossier indiqué à la note de la page 30.

Mais nous ne les donnons pas comme des pièces officielles, et il nous semble que nous pouvons logiquement en tirer la conséquence, que si les législateurs de 1791 avaient exprimé la pensée de punir le duel par la loi commune, cette pensée qu'ils ne pouvaient cacher, qu'ils devaient même rendre publique autant que possible, donnant satisfaction à l'opinion, qui réclamait avec tant d'instance, dès 1790, une loi répressive des duels, il n'eût pas été possible que personne, à Paris, pût ignorer que le duel était frappé par le Code présenté en mai 1791.

Nous ferons encore sur ces lettres une observation. Nous avons vu que toutes les fois que l'Assemblée recevait une demande, une pétition, une adresse sur la répression du duel, elle renvoyait immédiatement au comité de constitution.

Or, sur chacune des deux lettres que nous avons citées, nous voyons un pareil renvoi au comité de constitution.

Nous le demandons, si l'assemblée eût entendu avoir réprimé le duel par le Code de 1791. Comment eût-il été logique que le président renvoyât ces lettres au comité de constitution lorsque ce comité n'aurait plus eu à s'occuper de la question du duel?

Un pareil renvoi était bien inutile, et il fallait pour qu'il eût lieu, ou que le Code de 1791 n'eût pas frappé le duel, ou que le président de l'Assemblée nationale ignorât cette puissance de la loi.

Nous ne pouvons donc que persévérer dans l'opinion, que le Code de 1791 n'atteignait pas le duel. Nous nous sommes appuyé sur des considérations et des faits que nous voudrions voir réfuter et détruire pour changer d'avis.

Nous examinerons maintenant les preuves sur lesquelles les partisans de l'opinion contraire à celle que nous établissons, ont appuyé leur sentiment.

« Le 17 septembre 1792, a-t-on dit, l'Assemblée na-
« tionale a rendu un décret portant amnistie pour les
« faits de duel, depuis le 14 juillet 1789 (1).

« Si le duel n'était pas puni par le Code de 1791, pour-
« quoi aurait-il été nécessaire de porter une amnistie
« sur les faits de duel, surtout depuis le mois d'octobre
« 1791, époque de la promulgation du Code pénal jus-
« qu'au jour du décret ? »

Cette objection, quelque force qu'elle paraisse avoir, n'est que spécieuse.

En effet, on s'est beaucoup occupé de ce décret d'amnistie, mais personne, à ce que nous sachions,

---

(1) Ce décret est ainsi conçu :

L'Assemblée nationale, considérant que depuis les premiers moments de la révolution, l'opposition momentanée des opinions a déterminé des citoyens à des provocations, qu'ils n'eussent pas faites s'ils eussent eu le temps de réfléchir et de ne consulter que leurs sentiments réels; qu'il en est résulté des instructions criminelles qui ont enlevé à la société des hommes qui pourraient lui être utiles, et que l'indulgence nationale a le droit d'y rappeler, décrète qu'il y a urgence.

L'Assemblée nationale, après avoir décrété l'urgence, décrète ce qui suit :

Article 1er. Tous procès et jugements contre des citoyens depuis le 14 juillet 1789, sous prétexte de provocation en duel, sont éteints et abolis.

Art. 2e. Le pouvoir exécutif provisoire donnera les ordres nécessaires pour que les citoyens détenus, en conséquence desdits procès et jugements, soient mis sans délai en liberté.

n'a songé à interroger l'histoire, pour savoir quelles avaient pu être les intentions des législateurs qui l'avaient rendu, par suite, de quel poids il était dans la question qui nous occupe.

Toutes les fois qu'il y a amnistie, il y a des amnistiés.

En recherchant quels étaient les citoyens que le décret du 17 septembre avait amnistiés, et de quels faits ces citoyens s'étaient rendus coupables, nous reconnaîtrons d'une manière certaine les intentions du législateur.

Voyons donc à quelle occasion et pourquoi le décret a été rendu.

Le 14 juin 1792, Grangeneuve et Jouneau, députés de l'Assemblée législative, qui, déjà quelques mois auparavant, avaient eu des différends, s'insultèrent réciproquement dans le jardin des Tuileries, et se portèrent l'un envers l'autre à des voies de fait.

Jouneau dit à Grangeneuve : Vous venez de m'insulter publiquement ; êtes-vous un galant homme ?

— Oui, monsieur.

— Eh bien ! demain, au bois de Boulogne avec des pistolets.

Grangeneuve refusa de se battre (1).

Nous avons rapporté textuellement la provocation de Jouneau, parce qu'elle est l'objet même du décret du 17 septembre.

---

(1) Voir pour le détail de la scène le procès-verbal de l'Assemblée de la séance du 15 juin au soir, et l'Histoire parlementaire de la Révolution française, tom. 15, pag. 62.

Plusieurs membres de l'Assemblée, notamment
Guadet, demandèrent un décret d'accusation contre
Jouneau.

Henri Larivière s'y opposa, et s'exprima ainsi :

« J'espère prouver, en six minutes, que l'affaire est
« tout au plus susceptible de votre police correction-
« nelle; » et il conclut à ce que M. Jouneau fût envoyé,
pour toute punition, trois jours à l'Abbaye (1).

Cette proposition fut adoptée en ces termes :

---

(1) Nous allons citer en entier la discussion qui eut lieu, pour les
personnes qui ne pourraient recourir aux sources.

Larivière... Cette affaire n'intéresse nullement la sûreté générale de l'État; et, j'ose le dire, elle n'intéresse pas même l'inviolabilité des membres de l'Assemblée. J'ajoute que cette rixe ne peut
non plus être qualifiée de délit; car qu'est-ce qui caractérise le délit? L'intention et l'événement, ici, d'après tous les récits, toutes
les dépositions, il n'y a pas d'intention de la part de M. Jouneau :
comment a-t-on osé dire qu'il a voulu assassiner M. Grange-Neuve?
Est-ce dans l'enceinte de l'Assemblée, sous les yeux de plusieurs
personnes, à 9 heures du soir et sans armes qu'il eût formé le projet de l'assassiner? Non que je prétende excuser M. Jouneau; il a,
autant qu'il était en lui, autorisé, par son exemple, un préjugé féroce, qui, comme dit Rousseau, met toutes les vertus à la pointe
d'une épée. Que n'imitait-il Turenne provoqué dans un combat
singulier : « Demain, dit-il, on livre une bataille; tout notre sang
« doit être pour la patrie, nous verrons qui de nous saura mieux
« la défendre. » Le spadassin prit la fuite, et Turenne remporta
la victoire. M. Jouneau a commis une lâcheté en provoquant un
membre faible pour une misérable injure; il a commis une seconde lâcheté en le frappant; sans doute le premier mouvement est
répréhensible, et doit subir une peine; mais c'est une immoralité
profonde de supposer que M. Jouneau ait voulu assassiner un de
ses collègues, parce que, dans une rixe, il lui a donné un coup de
poing, un coup de pied même, si l'on veut. J'entends qu'on me
dit, que je suis donc fâché que M. Grangeneuve ne soit pas mort;
c'est une calomnie aussi ridicule qu'atroce : je suis fâché que

« L'Assemblée nationale décrète que M. Jouneau
« se rendra pour trois jours à l'Abbaye, sans préjudice
« de toutes actions à intenter et poursuivre devant
« les tribunaux. »

Il résulte bien évidemment de tout ce que nous venons de voir, que Jouneau ne s'était rendu coupable d'aucun crime ou délit qui pût motiver, contre
lui, les poursuites des délégués du pouvoir exécutif;
qu'il y avait seulement lieu, si Grangeneuve le ju-
geait à propos, de porter contre Jouneau une plainte

M. Grangeneuve soit blessé; mais je dis, que quand même
M. Grangeneuve serait mort des coups qu'il a reçus, ce serait une
immoralité de demander le décret d'accusation contre M. Jouneau; en me résumant, je demande, puisque M. Jouneau n'a commis qu'un délit de simple police, et pour terminer cette affaire pi-
toyablement répandue au moment où la patrie est en danger, je
demande que M. Jouneau soit renvoyé pour trois jours à l'Abbaye,
et que l'on passe à l'ordre du jour sur le reste. »

M. Gamon prononce un long discours sur l'atrocité des duels,
sur l'attentat commis contre l'inviolabilité de la personne de
M. Grangeneuve, et demande le décret d'accusation contre M. Jouneau.

Guadet.—Je soutiens que la question n'a point été envisagée
sous son véritable rapport; il s'agit uniquement de savoir si le délit est un délit national; si la procédure avait été instruite par un
juge de paix, qui vînt ensuite la soumettre à votre décision, vous
ne pourriez vous refuser à décréter qu'il y a lieu à accusation.

La discussion est fermée.

M. le Président met aux voix la priorité pour la proposition de
M. Larivière.

La priorité lui est accordée à une très grande majorité.

M. Gohier.— « Je propose par amendement, d'ajouter à la pro-
« position, sans préjudice aux droits que peut avoir M. Grange-
« neuve devant les tribunaux. »

La proposition Larivière, avec l'amendement Gohier, sont adop-
tés, et le décret rendu comme nous l'avons vu plus haut.

Histoire parlementaire de la Révolution française, tom. 15.

privée sur laquelle les juges de répression auraient eu
à statuer.

Cette opinion est encore confirmée par les faits suivants :

Le 3 septembre 1792, Jouneau était encore dé-
tenu à l'Abbaye, soit qu'il eût attendu cette époque
pour se soumettre aux trois jours de détention qui lui
avaient été infligés, soit que Grangeneuve, comme
il en a été accusé plus tard, l'eût fait avec intention
emprisonner à cette époque.

L'Assemblée nationale, craignant que la vie d'un de
ses membres se trouvât compromise au milieu des
horribles attentats qui se commettaient dans les pri-
sons, rendit un décret spécial qui ordonnait à Jouneau de se rendre dans son sein, et le mettait sous la
protection de tous les citoyens.

En exécution de ce décret, Jouneau parut à la barre
de l'Assemblée, accompagné de dix à douze citoyens
qui lui servaient d'escorte ; il fut invité à monter à la
tribune et il s'exprima ainsi :

« Avec votre décret sur la poitrine, je suis sorti de
« la prison, au milieu des acclamations du peuple, des
« braves citoyens m'ont accompagné avec le plus
« grand empressement; leur zèle atteste le respect
« qu'on a partout pour vos décrets. »

Il fut se placer au milieu de ses collègues.

Un membre, Monteau, dit :

« Ce serait intervertir les règles ordinaires, que de
« laisser siéger au milieu de vous un de vos membres
« décrété d'accusation, je demande qu'il reste sous
« le glaive de la loi. »

Un autre membre, Lacroix, répond :

« M. Jouneau n'est pas sous un décret d'accusation ;
« il est poursuivi par un de ses collègues pour une
« querelle particulière, jugée comme telle par l'As-
« semblée ; cela est si vrai, que si M. Grangeneuve
« voulait renoncer à ses poursuites, M. Jouneau serait
« libéré, et devrait reprendre sa place parmi nous ; je
« demande que l'Assemblée, considérant : qu'il n'au-
« rait pu, sans risquer pour sa vie, rester dans la mai-
« son d'arrêt qui lui avait été prescrite, il lui soit
« donné, pour en tenir lieu, un comité de l'Assemblée,
« où il restera sous sa parole d'honneur. »

L'Assemblée adopte la proposition de Lacroix (1).

Il est donc hors de doute que les poursuites qui
s'exerçaient contre Jouneau n'étaient motivées que
par l'accusation de tentative d'assassinat, que Grangeneuve avait dirigée contre lui.

Cependant, Grangeneuve poursuivait toujours
Jouneau, qui était en liberté depuis sa sortie de
l'Abbaye.

Dans la séance du 17 du même mois de septembre,
l'Assemblée nationale reçut une lettre du directeur du
juré, du tribunal du 1ᵉʳ arrondissement de Paris, qui
écrivait que les pièces, relatives à l'affaire de MM. Jouneau et Grangeneuve, lui avaient été remises, et qui
demandait les ordres de l'Assemblée pour faire com-
paraître Jouneau devant le juré.

Aussitôt l'Assemblée, sur la proposition de Thuriot,

____

(1) Histoire parlementaire, etc.... Vol. 17, pag. 373.

prononce, à l'unanimité, une amnistie pour toute provocation en duel jusqu'à ce jour, et suspend, pour trois jours, le mandat d'arrêt contre Jouneau (1).

Ce décret est celui que nous avons déjà rapporté en son entier, dégagé de tout ce qu'il avait de particulier, et formulé en dispositions générales.

L'Assemblée nationale, indignée, on peut le dire, de l'acharnement avec lequel Grangeneuve poursuivait Jouneau, et ne pouvant cependant arrêter une poursuite privée, voulut ôter à Grangeneuve tout prétexte de poursuite; parce que celui-ci, qui n'osait avouer sa haine personnelle, faisait sonner bien haut l'attentat à la morale qu'avait commis Jouneau, par sa provocation en duel. Pour arriver à ce but, elle porta une amnistie qui ôtait tout prétexte de provocation en duel.

Par là Grangeneuve se trouvait arrêté, et il fut forcé de discontinuer, et de ne donner aucune suite aux plaintes qu'il avait formées.

Il eût été trop évident, autrement, qu'il n'agissait que par vengeance, et l'opinion qui blâmait si énergiquement Jouneau d'avoir provoqué Grangeneuve en duel, qui par là prêtait appui à ce dernier, se fût tournée contre lui, si elle eût connu ses véritables intentions.

Or, à cette époque, qui pouvait se passer de l'assentiment de l'opinion?

Ce n'était certainement pas les législateurs.

Nous avons recherché attentivement si le décret

---

(1) Moniteur du 18 septembre 1792.

s'appliquait à d'autres faits de duel ou de provocation en duel, mais nous n'avons rien trouvé qui pût
nous donner cette pensée, et il nous paraît bien évident que ce décret, rédigé dans un sens général, après
qu'il eût été rendu, n'avait trait et ne statuait que sur
l'affaire de Grangeneuve et Jouneau; par suite, toutes
les inductions et les conséquences qu'on en a tirées
manquent de base, et il ne prouve nullement que les
législateurs de 1792 aient pensé que le Code de 1791
punissait le duel.

Passons maintenant à l'examen du décret du 29
messidor an 2.

L'appréciation de ce décret ne nous paraît ni longue, ni ardue.

Entre l'opinion de ceux qui prétendent que ce décret s'appliquait seulement et exclusivement à une
question de pure discipline militaire, et l'opinion de
ceux qui pensent, qu'outre la question de discipline
militaire, il y avait une question de droit général, le
choix n'est pas difficile.

Il suffit, ce nous semble, de lire le décret, et de voir
qu'une juste interprétation lui a été donnée par les
nombreux arrêts, qui successivement, se sont appuyés
dessus.

C'est le propre d'un bon raisonnement, c'est le propre de la vérité, d'être toujours répétés par ceux qui
s'occupent du même sujet.

La vérité est une; et l'erreur au contraire a mille
faces.

Le Code de brumaire an 4 resta dans les mêmes
termes que le Code de 1791.

Or, si le Code de 1791 s'était tu, si ce Code n'avait pas puni le duel, le Code de brumaire an 4 n'avait pas plus de force; il ne pouvait pas davantage punir le duel sans le nommer.

On a cité un avis du ministre de la justice, en date du 13 prairial an 9; mais ces avis, que nous sachions, ne sont pas des lois, et quelle que pût être l'opinion du ministre, elle ne pouvait faire que le duel fût puni lorsqu'il ne l'était pas.

Nous arrivons maintenant au Code de 1810.

A cet égard, on s'est appuyé avec force sur les paroles prononcées par M. Monseignat; ces paroles, les voici :

« Vous me demanderez peut-être, pourquoi les au-
« teurs du projet de loi, n'ont pas désigné particulière-
« ment un attentat aux personnes, trop malheureuse-
« ment connu sous le nom de duel; c'est qu'il se trouve
« compris dans les dispositions générales du projet de
« loi qui vous sont soumises; nos rois, en créant des
« juges d'exception pour ce crime, l'avaient presque
« ennobli; ils avaient consacré les atteintes au point
« d'honneur, en voulant les graduer, ou les prévenir;
« en outrant la sévérité des peines, ils avaient man-
« qué le but qu'ils voulaient atteindre; le projet n'a
« pas dû particulariser une espèce, qui est comprise
« dans un genre, dont il donne les caractères. »

« N'est-il pas maintenant de toute évidence, dit-on,
« que dans le texte du Code pénal de 1810, on a en-
« tendu comprendre le duel?

« Si M. Monseignat s'était trompé, s'il avait ex-
« primé autre chose que ce qui *avait été discuté*, ar-

« *été* dans le sein du conseil d'État ; le conseil d'État
« avait la parole pour lui répondre ; il y eût eu con-
« tradiction ; mais *le conseil d'État*, dont M. Mon-
« seignat exprimait aussi la pensée, n'apporta aucune
« contradiction, et la section du Code, dont il s'agit,
« fut votée immédiatement dans la même séance. »

Ainsi on affirme que M. Monseignat, 1° a dit *ce*
qui avait été discuté et arrêté dans le sein du conseil
d'État ; 2° que M. Monseignat, en parlant ainsi, *ex-*
primait la pensée du conseil d'État ; voyons ce qu'il
en est.

« Tout ce qu'on peut en conclure, dit Merlin (1),
« c'est que la commission dont M. Monseignat était
« l'organe, pensait comme lui ; mais de ce qu'ils ont
« cru trouver dans la loi, des dispositions qu'elle ne
« renferme pas, il ne s'ensuit nullement qu'ils aient,
« par leur opinion officiellement manifestée, rempli
« les lacunes que la loi offre réellement.

« Il y a eu, après la présentation du projet du Code
« pénal, au Corps législatif, plusieurs conférences,
« entre le comité de législation du conseil d'État et la
« commission de législation du comité législatif, et je
« puis vous assurer, *pour avoir assisté à toutes*, qu'il
« *n'a été question du duel dans aucune.* »

« Ce que la commission de législation a dit sur le
« duel, *elle l'a donc dit d'elle-même.*

« Et ce qu'elle en a dit, est précisément le contraire
« de ce qui avait été arrêté verbalement, entre les mem-
« bres du comité de législation du conseil d'État ; car

---

(1) Merlin.—Questions de droit.—Duel.—Tom. 3, pag. 554.

« ils avaient bien comme elle pensé au duel ; mais en
« y pensant ils avaient cru devoir imiter à cet égard le
« silence de l'Assemblée constituante. »

Peut-on répondre d'une manière plus précise et
plus claire ? Peut-on mieux détruire toute possibilité
de tirer des inductions de l'opinion de M. Monseignat ?

Cette réponse était si péremptoire, qu'on n'a pas
osé l'attaquer elle-même : « c'est sans doute une auto-
« rité fort respectable, a-t-on dit (1), que celle de
« M. Merlin ; mais le savoir le plus étendu s'éclaire
« par l'expérience des faits et par la réflexion.

« Le plus grand jurisconsulte de Rome, Papinien,
« s'était trompé sur une question, et il n'hésita pas à
« dire : j'étais d'abord de cet avis autrefois, mais Sabi-
« nus m'a ramené à son opinion : *sic nobis aliquando*
« *placebat, sed in contrarium me vocat Sabini sen-*
« *tentia.*

« Eh bien ! Messieurs, tel a été le langage de
« M. Merlin ; après votre arrêt, le savant magistrat,
« mon prédécesseur, modèle que je ne puis certaine-
« ment atteindre dans le genre qu'il a si fortement il-
« lustré, m'écrivit une lettre trop flatteuse pour que
« j'en donne ici la lecture ; il me dit : votre réquisitoire
« m'a convaincu ; j'adhère à la doctrine de l'arrêt. »
(Sensation prolongée.)

« Ainsi donc, M. Merlin, éclairé par l'expérience des

------

(1) Réquisitoire de M. le Procureur général Dupin, pag. 47.
(Imprimé par ordre de la Cour.)

faits, ne professe plus les mêmes opinions qu'il professait en 1812.

Nous concevons très bien que, donnée devant une nombreuse assemblée, cette nouvelle ait dû produire une sensasion prolongée ; mais nous le craignons, si cette sensation a été prolongée, elle n'a guère été réfléchie.

Il y a longtemps qu'on a dit : rien n'est plus absolu qu'un fait ; il est aussi impossible d'empêcher un fait d'avoir été, qu'il est impossible de connaître les faits qui ne sont pas encore.

« Or, lorsque M. Merlin parlait en 1812, que disait-il : *Il y a eu plusieurs conférences entre le Comité de législation du conseil d'Etat et la Commission de législation du Corps Législatif ; je vous dis qu'il n'a été question du duel dans aucune, et j'ai assisté à toutes.*

« *Je vous dis encore que ce que le rapporteur du comité de législation du conseil d'Etat a dit, est précisément le contraire de ce qui avait été arrêté verbalement entre les membres du comité de législation du conseil d'Etat.* »

Les faits qui étaient vrais en 1812, puisque M. Merlin les déclarait, qui sont restés vrais depuis cette époque jusqu'en 1837, n'ont pu cesser de l'être depuis le réquisitoire de M. le Procureur général près la Cour de cassation.

M. Merlin n'a pas *attendu 30 ans pour avoir* l'expérience des faits ; et si le réquisitoire de M. le Procureur général a convaincu le docte jurisconsulte, il ne peut pas l'avoir convaincu *que ce qu'il avait dit en 1812 n'était pas vrai.*

L'opinion de M. Merlin reste donc dans toute sa force; *il a fait une déposition* que personne ne peut rétracter; nous pouvons donc nous mettre à l'abri de son nom, et nous pouvons dire avec lui, que ce que la commission de législation a dit sur le duel, elle l'a dit d'elle-même.

Que son rapporteur n'a pas exprimé l'opinion du conseil d'État, qu'il a cru trouver dans la loi des dispositions qu'elle ne renferme pas.

Si tout change autour de nous, qu'on nous laisse au moins la fixité des faits, qu'on nous laisse au moins la fixité des principes.

Parlerons-nous maintenant du projet de loi qui fut discuté en 1829 par la Chambre des pairs.

Nous nous contenterons seulement de faire observer quelle puissante autorité y trouve l'opinion que nous soutenons.

En 1832, lorsqu'on s'occupa de réviser quelques points de notre législation criminelle, la question du duel ne fut pas même agitée, et cependant la Cour suprême avait demandé sur cette question l'interprétation législative.

L'attention du législateur était suffisamment provoquée; à cette époque, on pensait généralement que le duel n'était pas réprimé par la loi.

Il eût été logique alors, pour ceux qui pensaient que la loi commune était apte à réprimer le duel, de demander qu'il y fût nominativement inséré, qu'il y fût expressément désigné. Ils ont failli à leur devoir, nous

le dirons, lorsqu'ils avaient un moyen si sûr et si facile d'atteindre le duel, lorsqu'il ne fallait qu'un mot
pour arrêter les malheurs qu'il occasionne ; et si on
nous répondait qu'on n'a pas voulu faire au duel l'honneur de le nommer, ne pourrions-nous pas dire ? on
ne fait jamais honneur à un crime quand on le
nomme, on le punit.

Nous sommes arrivé au terme de la tâche qui
nous était imposée.

Dans la première partie de notre discussion, nous
avons démontré que, par sa nature, le duel est un fait
qui ne peut être atteint que par une loi qui le nomme
expressément, par une loi spéciale.

Il résulte de la seconde partie, que les auteurs de la
législation qui nous régit n'ont pas voulu comprendre,
sans le nommer, le duel dans la répression des crimes
ou délits.

Nous pouvons donc maintenant affirmer que la législation actuelle est impuissante à réprimer le duel.

Nous pouvons répondre négativement à notre question générale.

En conséquence, l'arrêt de la Cour royale de Paris,
du 10 août 1838, qui renvoie les sieurs Gilbert, Déroy et Robin des poursuites intentées contre eux, n'a
violé aucune loi, et il ne mérite en aucune manière
la censure de la Cour suprême.

L'un des honorables magistrats de la Cour, M. Bé-
ranger, rapporteur dans l'affaire Pesson, s'exprimait
ainsi :

« On fait ressortir tous les inconvénients, tout le
« désordre judiciaire qui résulterait d'une jurispru-

« dence nouvelle, on va même jusqu'à craindre que
« votre autorité ne fût affaiblie, si, sans motifs nou-
« veaux, vous rendiez un arrêt solennel, différent de
« ceux qui ont servi de régulateurs aux autres juri-
« dictions »

Eh bien ! oui, nous osons le dire, il y eut un grand
inconvénient, ce fut un grand désordre judiciaire,
quand on vit changer sans motifs nouveaux une jurisprudence de 40 ans.

Quelle fâcheuse réflexion ne peut-on pas faire, lorsqu'on voit la loi plier ainsi sous l'interprétation ?

Depuis près d'un demi-siècle, les contemporains,
les hommes qui ont coopéré aux lois, pensent et dé-
clarent que le duel n'a pas été réprimé, et aujourd'hui
on vient affirmer le contraire !

N'est-on pas amené involontairement à se rappeler
ce propos de l'un de nos chanceliers? « Qu'on me
« donne deux lignes d'écriture d'un homme... »

Ne pouvons-nous pas nous écrier avec Beccaria?

« Les abus qui peuvent résulter de l'observation
« rigoureuse de la lettre d'une loi pénale peuvent-ils
« être comparés à ceux qui résultent du vague des in-
« terprétations (1) ? »

---

(1) Beccaria, des Délits et des Peines, § 4.
Qu'on me permette encore de citer le passage suivant du même
auteur.

« Rien de plus dangereux que cet axiome trivial : il faut consul-
« ter l'esprit de la loi; l'admettre, c'est rompre la digue opposée au
« torrent de l'opinion. Cette vérité que des esprits vulgaires, plus
« frappés d'un léger abus actuel, que des conséquences funestes,
« mais plus éloignés de l'adoption d'un faux principe par une na-

Oui, nous en adjurons la Cour, elle n'a jamais manqué de revenir à la vérité ; elle n'a jamais manqué à ce devoir ; nous l'adjurons, disons-nous, de s'arrêter à l'expression naturelle et certaine de la loi, à ne pas renverser d'un seul coup des opinions de 40 ans.

Nous ne nous sommes jamais dissimulé la difficulté de notre tâche ; mais nous avons été encouragé par cette conviction que nous n'étions pas jugé d'avance, et que la Cour voudrait bien nous prêter une indulgente attention.

Avant de terminer, qu'on nous permette de retracer en peu de mots la pensée générale qui nous a guidé dans notre travail.

« tion, appelleront paradoxe, me paraît démontrée. Nos connais-
« sances et nos idées ont une connexion réciproque; plus elles sont
« compliquées, plus les points de communication sont nombreux.
« Chaque homme a sa manière de voir, et cette manière varie dans
« le même homme suivant la différence des temps : ainsi, l'esprit
« de la loi sera donc le résultat de la bonne ou mauvaise logique
« d'un juge, d'une facile ou pénible digestion, et dépendra donc
« de la violence de ses passions, de la faiblesse seule de l'accusé,
« des relations des juges avec le plaignant, d'une foule d'incidents,
« qui changent les apparences des objets, dans l'esprit inconstant
« de l'homme.

« Ainsi, nous verrions le sort d'un citoyen soumis aux chances
« d'une jurisprudence incertaine, et des malheureux payer de
« leur vie les faux raisonnements d'un magistrat mal disposé, et
« qui prend pour l'interprétation légitime de la loi, le vague résul-
« tant des notions confuses qui troublent son esprit; nous verrions
« les mêmes délits jugés différemment par les mêmes tribunaux,
« suivant les circonstances, par cela seul que les magistrats au-
« ront consulté, non l'expression fixe et naturelle de la loi, mais
« le prisme trompeur des interprétations »

Beccaria, loco citato.

Le duel, selon nous, ne peut être réprimé justement, que par une loi spéciale.

Le moment est venu de porter cette loi; l'opinion publique, soutenant les hommes qui s'occupent de cette question, rend une pareille tâche plus facile.

Qu'ils persévèrent donc les magistrats, les mandataires du peuple, dont les veilles sont consacrées à ces nobles méditations.

Pour nous, qui venons après tant d'autres, signaler cette énorme lacune de nos lois pénales, nous nous arrêterons ici.

Le rôle de législateur n'appartient pas à nos faibles mains; nous serons trop heureux, si nous avons pu apporter la moindre pierre, sur le terrain où doit s'élever l'édifice, duquel nous appelons la construction de tous nos vœux.

RAPPORT ET PLAIDOIRIES.

M. Bérenger, rapporteur, prend la parole, et annonce qu'il ne rentrera pas dans le fond de la question traitée dans son rapport du 15 décembre dernier (affaire Pesson), avec tous les développements qu'elle comporte.

Il se borne à lire l'arrêt de la Cour royale de Paris du 10 août 1838, et à annoncer qu'un mémoire, qu'il qualifie d'habile, a été produit pour les défendeurs.

Après le rapport, Mᵉ Mirabel Chambaud s'exprime ainsi :

Dans l'état actuel de la législation, l'auteur d'un homicide commis en duel, doit-il être poursuivi comme coupable d'assassinat?

Telle est, Messieurs, la question que nous avons à débattre aujourd'hui devant vous.

Dans son réquisitoire du 22 juin 1837, M. le Procureur général s'exprimait ainsi :

« Pourquoi faut-il que chez nous la jurisprudence des arrêts ait méconnu ces principes, et que depuis 1818 la question (qui n'avait pas été soulevée sous l'empire) ait été résolue dans le sens de l'impunité du duel : et cependant, dix Cours royales se sont pro-

noncées dans notre sens : ce sont celles de Paris,
Montpellier, Toulouse, Limoges, Douai, Aix, Amiens,
Nanci, Metz, Colmar. »

La Cour, chambre criminelle, a répondu oui à la
question qui lui était posée.

Dans son réquisitoire du 15 décembre 1837, M. le
Proccureur général parlait en ces termes :

« Un grand assentiment public avait suivi votre arrêt
contre les duels. Solennellement discuté, mûrement
réfléchi, profondément motivé, tous ceux qui s'inté-
ressent au maintien de la morale publique y avaient
applaudi. Les familles se rassuraient ; la société com-
mençait à en ressentir les heureux effets ; des duels
avaient été refusés sans que la considération des personnes en eût souffert au yeux du monde ; la Chambre
des députés avait donné son approbation à l'un de ces
refus ; et ceux-là même qu'on avait vus naguère
chercher une satisfaction dans un duel à mort, donnant un meilleur exemple, avaient recouru à la justice pour en obtenir la réparation des injures plus
récentes dont ils étaient devenus l'objet.

« Déjà la jurisprudence des Cours royales reprenait
son ancienne direction, et la Cour d'Aix, par exemple, avait rendu deux arrêts conformes à votre dernière décision.

« On a été généralement surpris que la Cour,
saisie par votre renvoi, n'eût pas suivi la même im-
pulsion. Et pourtant, il ne faut point s'en affliger,
puisque vous y trouverez l'occasion qui, sans cela,
eût pu se faire attendre, de terminer la lutte par un
arrêt solennel, qui, cette fois, sera souverain.

« Cet arrêt, rendu par toutes les chambres réunies, s'il est tel que nous l'espérons, fera cesser l'anarchie des idées sur cette grave question; il se fortifiera de l'assentiment de tous les amis de la justice. »

La Cour en sections réunies, a confirmé la doctrine professée par la chambre criminelle.

Cependant, Messieurs, aujourd'hui nous sommes devant vous pour la seconde fois.

La lutte qui devait être terminée par un arrêt solennel est bien loin de l'être, et ce qui est plus encore, une des dix Cours royales, la première de celles que citait M. le Procureur général, la Cour royale de Paris, en un mot, vient d'adopter un sentiment opposé à celui de vos arrêts.

N'y a-t-il pas là, Messieurs, un grand et un profond enseignement? Ne voyons-nous pas que la vérité, un instant obscurcie, reprend toujours ses droits, et qu'elle finit, quelque obstacle qu'on lui oppose, par se faire jour?

Vous avez, nous le savons tous, cette noble vertu qui consiste à revenir à la vérité quand on s'est trompé, c'est sur cette certitude que nous avons fondé de grandes espérances.

Mais vous le voyez, un si noble exemple ne reste pas perdu, la Cour royale de Paris, marchant sur vos traces, a eu le courage de revenir, a eu le courage de reconnaître qu'elle s'était trompée.

Permettez-nous, Messieurs, de vous faire connaître en peu de mots les faits bien simples de cette affaire, et de mettre sous vos yeux le premier arrêt de cette cause, celui de la Cour royale d'Orléans, et l'arrêt de la Cour royale de Paris dont nous demandons le maintien.

Arrêt de la Cour royale d'Orléans du 10 avril 1838.

« Attendu, en fait, qu'il résulte de l'instruction que les nommés Gilbert et Champeaux, à la suite d'une altercation, se portèrent réciproquement des coups, dans la soirée du 19 mars dernier; que Champeaux, irrité d'avoir eu des égratignures au visage, proposa un duel à Gilbert et le retint même la nuit avec lui pour rendre sa rencontre plus certaine ; que le lendemain matin Champeaux voulait se battre au sabre ou à l'épée; que Gilbert, après avoir par deux fois proposé de se battre à coups de poing, consentit à choisir le pistolet; que le maître d'armes du régiment, après avoir pris la permission du colonel, se rendit sur les lieux avec deux autres témoins, et régla les conditions du combat; qu'à la distance prescrite, vingt-cinq pas, les adversaires s'étant arrêtés, le premier coup, parti des mains de Gilbert, frappa Champeaux, le renversa gravement blessé à la tête, au moment où celui-ci se préparait lui-même à faire feu sur son adversaire;

« En droit, attendu que, dans nos sociétés modernes, et surtout en France, le duel a toujours été considéré comme un crime spécial; qu'il a conservé ce caractère jusqu'à la révolution de 1789; qu'à cette époque de la législation civile, le duel fut aboli, sans que les nouvelles lois de 1791, de brumaire an IV, de 1810, aient qualifié ou puni d'une manière expresse le crime de duel; qu'à défaut d'une peine expressément applicable en cas de duel, il faut donc recourir à l'interprétation de la loi pénale et examiner si ce fait rentre implicitement dans l'application textuelle des articles 295, 296, 304, 256, 60 du Code pénal de 1810, révisé en 1832;

« Attendu qu'à l'époque de la révolution, le duel, malgré la sévérité des peines, et peut-être même à cause de cette sévérité, trouvait dans le préjugé absurde qui l'a fait naître, la force de triompher de la loi et de rendre celle-ci impuissante; que par cette lutte entre la loi et un préjugé si funeste, le législateur de 1791 était placé dans la nécessité ou de proscrire nominativement le duel et de le frapper d'une pénalité spéciale et expresse, ou de laisser aux progrès de la civilisation et à l'action du temps, le soin de détruire ce préjugé et par suite d'anéantir le duel;

« Mais qu'on ne saurait admettre que méconnaissant l'état des choses et les caractères spéciaux du duel, la loi ait voulu lever tous les doutes par son silence, et englober le duel dans la pénalité générale prononcée contre les meurtriers et les assassins; qu'en l'an IV, et surtout en 1810, la fréquence des duels et le silence des lois antérieures ont dû encore plus éveiller l'attention du législateur et provoquer une décision explicite de sa pensée sur le duel, puisque le silence de la loi de 1791 était considéré par la jurisprudence et par les auteurs comme une lacune dans la loi pénale;

« Que la question était encore plus nettement posée en 1832; que si, à cette dernière époque, il n'est pas entré dans la pensée du législateur de refondre en entier la législation criminelle, il a voulu au moins modifier, et il a en effet modifié diverses dispositions et levé par une rédaction plus claire les doutes que faisaient naître quelques articles du Code de 1810.

« Que le plus sérieux de ces doutes était de savoir si le meurtre et les blessures résultant du duel, tombaient sous la sanction des articles 295, 296 et 304 du Code de 1810 ;

« Et que, cependant, en 1832 comme en 1810, le législateur ne s'est point expliqué sur cette question, quoique déjà la Cour de cassation eût, aux termes de la loi de 1807 et de 1828, provoqué l'interprétation législative ;

« Qu'en vain on dirait qu'on ne doit pas présumer que le législateur ait voulu laisser impuni un attentat contre la morale et la sûreté des familles : que c'est là une pétition de principes ; que, placé par la jurisprudence et le scandale des impunités, en présence de la nécessité de lever ce doute par une disposition explicitement applicable au duel, le législateur s'est abstenu, et que ce fait si grave, ce silence si significatif combat et repousse la présomption tirée de ce qu'on ne peut présumer une telle lacune dans la loi, qu'ici le fait détruit la présomption ;

« Que ce silence, d'ailleurs, n'est point inexplicable, que l'on ne peut méconnaître la force qu'un préjugé même absurde exerce à certaines époques sur les hommes les mieux intentionnés et sur une génération tout entière, qu'en 1791, en l'an IV, en 1810 et en 1832, les partisans du duel étaient nombreux ; que, suivant quelques-uns, la loi devait s'abstenir de lutter contre un préjugé qu'elle ne pouvait vaincre ; et cette opinion erronée et funeste était soutenue par d'autres, qui allaient jusqu'à élever le duel au rang d'un usage nécessaire dans nos mœurs, pour y conserver le point d'honneur, et enfin par d'autres plus nombreux qui regardaient une bonne législation sur le duel comme impossible dans l'état de nos mœurs ;

« Que cette dernière pensée, partagée par les hommes les plus graves, a fait échouer par deux fois la présentation d'un projet de loi sur le duel ; qu'en présence de cette divergence d'opinions on s'explique le silence de la loi ;

« Attendu, d'un autre côté, que quelque odieux que soit le duel, il a cependant un caractère particulier que le juge ne saurait méconnaître, et quelque juste indignation que lui inspire ce préjugé barbare, il ne lui est pas permis de le confondre avec l'assassinat et les idées que réveille le crime atroce ;

« Que cependant, si le Code pénal doit aussi être appliqué au duel, il faut admettre forcément que le duelliste commet toujours un assassinat ou une tentative de ce crime, soit qu'il y ait ou non homicide et blessures, dès que les coups ont été échangés ; car évidemment, il y a alors meurtre ou tentative de meurtre avec préméditation et dessein formé à l'avance, au moins sous condition ; il y a plus, les deux ou les quatre témoins du duel ont évidemment assisté avec connaissance l'auteur ou les auteurs du crime, et ceux qui ont sciemment fourni les armes, tombent aussi dans la catégorie des complices, tous sont assassins;

« Que cependant l'homicide ou la tentative résultant du crime spécial du duel, sont marqués à des différences qu'on peut nier mais non pas méconnaître;

« Que sans doute les résultats sont aussi déplorables; que sans doute aussi, à l'occasion d'un duel, l'homicide peut être un véritable assassinat, si les circonstances le révèlent; mais que, dans les cas ordinaires de duel, la moralité de l'action coupable, aux yeux de la religion, a cependant, aux yeux de la société et de la loi, un caractère, sinon moins odieux, du moins tout différent;

« Qu'on ne peut, dès que l'on juge humainement les choses humaines, comparer à l'homme pervers qui, avide de sang ou d'or, attend sa victime inoffensive, et la détruit sans risque et sans pitié, à l'homme souvent honorable qui, préférant le faux point d'honneur à l'honneur véritable, expose sa vie, en échange de celle de son adversaire, avec des armes et des chances égales, souvent, comme dans l'espèce, sans le désir de tuer, toujours dans la pensée unique de venger son honneur;

« Que, certes, on ne saurait prétendre que, dans cette position, les deux adversaires ont pu, par une convention monstrueuse et contraire d'ordre public, se céder le droit de se donner réciproquement la mort.

« Qu'on ne peut admettre non plus, qu'ils ont été placés dans le cas d'une légitime défense réciproque, autorisée par la loi ; car cette nécessité, ils l'ont créée volontairement ; le combat et les dangers qu'il entraîne, ils auraient pu et dû les éviter ;

« Mais que toujours est-il que cette position, cet acte et sa moralité sont autres que ceux de l'assassin et de sa victime ;

« Qu'on ne peut comparer les complices de l'assassin aux témoins du duelliste ; celui qui fournit l'instrument de l'assassinat, à celui qui, par une erreur de l'esprit, mais sans dessein pervers, prête son arme au duelliste ;

« Que cette différence, si essentielle dans les choses, en produit une dans leur moralité, et jusque dans les qualifications si différentes de duelliste et d'assassin ;

« Que le but, la moralité et la qualification étant différents, la pénalité ne peut être la même, et que, par suite, les art. 296 et 304 ne sauraient être appliqués à l'homicide ou à la tentative commise en duel ;

« Attendu que s'il est vrai que les termes des articles 295, 296 sont généraux et absolus, il ne le sont que pour les faits qui rentrent naturellement dans leur application, et qui, jusqu'alors, avaient, dans les lois pénales, la même qualification générique de meurtre et d'assassinat ; mais que le duel ayant toujours été considéré comme un crime spécial prévu par une loi particulière, graduée suivant les circonstances qui le constituent, était en dehors de cette qualification générique ;

« Que si le législateur eût voulu, comme il le pouvait, l'y faire rentrer, il n'eût pas manqué de le dire en termes exprès ;

« Qu'on ne peut, de ce qu'il ne l'a pas exclu, induire qu'il l'a compris;

« Qu'un tel argument, en matière pénale, est contraire aux vrais principes, qui ne permettent pas de
suppléer ou d'interpréter le silence de la loi;

« Que, quelque absolus que soient les termes de cet
article, le législateur a cependant jugé nécessaire de
qualifier aussi l'infanticide et l'empoisonnement qui
ne sont que des espèces d'assassinat desquels ils ne se
distinguent que par le mode de les commettre ou par
la dénomination toute spéciale qu'ils ont reçue dans
le langage du droit;

« Que si cette seule circonstance a nécessité dans
la loi une disposition particulière et différente, on ne
concevrait pas que le législateur n'eût pas également
défini le duel, qu'il ne l'eût pas même nommé, lorsque ce fait est, par sa nature, par ses circonstances,
par sa dénomination un crime spécial;

« Attendu que l'usage et la jurisprudence sont les
meilleurs interprètes de la loi, que pendant quarante
années, la plupart des Cours, conformément à la jurisprudence constante de la Cour suprême, ont toujours considéré, en droit, les homicides commis en
duel comme des faits spéciaux non prévus par les lois
pénales;

« Que le gouvernement lui-même 'a], par deux fois,
consacré cette opinion, en présentant à la législature
deux projets de loi contre le duel, pour combler, sur
ce point, la lacune si bien constatée de nos lois pénales;

« Que si l'opinion contraire s'appuie, et sur les paroles du rapporteur de la commission au corps législatif en 1810, et sur le décret de la Constituante du 17 septembre 1792, il faut remarquer, sur ce décret, que l'amnistie qu'il prononce sur le fait du duel remonte dans ses effets au 17 juillet 1789, et par conséquent à une époque antérieure à la publication du nouveau Code pénal, pour des faits arrivés, ou des jugements rendus sous l'empire de l'ancienne législation contre les duels, ainsi que le fait pressentir le préambule de ce décret; que les paroles du rapporteur en 1810, quelque explicites qu'elles soient, n'expriment pourtant qu'une opinion individuelle, opinion singulièrement affaiblie par le silence de l'orateur du gouvernement dans l'exposé des motifs du projet de loi sur les attentats sur les personnes; que ces exposés étaient destinés à exprimer la vraie pensée de la loi de la part de ceux qui l'avaient méditée, et que ce silence sur un crime aussi grave, aussi excentrique que celui du duel, ne saurait s'expliquer si l'intention réelle du législateur a été de soumettre ces faits, qui à cette époque restaient impunis, à la sanction du nouveau Code pénal;

« Attendu, d'ailleurs, qu'aux inductions tirées de ces deux documents, on peut opposer l'acte législatif émané de la Convention en l'an II; qu'en vain on voudrait contester la portée de cet acte par la considération qu'il ne se référait qu'à l'applicabilité du Code militaire pour le cas de provocation en duel; qu'en fait, la seconde partie de ce décret est générale; qu'on y lit en effet les termes suivants qu'il est utile de transcrire : « Décrète qu'il n'y a lieu à délibérer;

« renvoie à la commission du recensement et de la
« collection complète des lois *pour examiner et pro-*
« *poser les moyens d'empêcher les duels et la peine à*
« *infliger à ceux qui s'en rendraient coupables ou les*
« *provoqueraient.* »

« Que, de ses expressions générales, on doit induire
nécessairement qu'il y avait lacune dans la loi de 1791
quant au duel, et que cette lacune existait également
pour les duels entre militaires et ceux entre non militaires ;

« Attendu, enfin, qu'il résulte de ce qui précède que
les lois pénales de 1791 et de brumaire an IV, de 1810,
de 1832, n'ont pas nominativent classé le duel parmi
les crimes ou délits d'assassinat et de meurtre ou de
blessures ;

« Que l'interprétation de ces lois ne les rend pas
non plus applicables au cas de duel, tel qu'il se rencon-
tré dans l'espèce ; que les chambres d'accusation ne
peuvent dire qu'il y a lieu à accuser que lorsque le
fait rentre dans la catégorie de ceux formellement
prévus par un texte précis de la loi pénale ;

Qu'en matière criminelle, le doute, soit qu'il porte
sur la preuve et sur l'existence du fait, soit qu'il naisse
de l'applicabilité de la loi, se résout toujours en faveur
du prévenu ;

« Que dès lors, et en admettant même que le silence de la loi sur les duels ne fût pas volontaire et
significatif, on ne saurait au moins méconnaître qu'il
s'élève sur ce point un doute grave, une erreur commune consacrée par une impunité qui s'est prolongée
pendant 40 ans ;

« Que cependant l'applicabilité d'un texte de loi, prononçant la peine de mort, ne saurait rester dans les termes d'un problème judiciaire qui ne puisse être résolu que par un effort de logique, et que, en présence d'un doute aussi grave, le juge doit s'abstenir.

« Par ces motifs, la Cour déclare qu'il n'y a ni crime, ni délit, ni contravention dans le fait imputé aux prévenus. »

Mʳ Mirabel Chambaud lit ensuite dans le mémoire les faits et l'arrêt de la Cour royale de Paris, puis il reprend ainsi :

Nous avons besoin, Messieurs, de toute votre indulgence.

La foi profonde en notre cause,

La certitude que vous êtes dignes d'entendre ce que nous croyons être la vérité,

Pouvaient seules nous autoriser à parler comme nous allons le faire.

En lisant l'arrêt de la Cour royale de Paris, nous avons été frappé des mots suivants :

« Cette question, qui intéresse la morale et la religion, l'ordre public et la tranquillité des familles, *ne peut être résolue par le magistrat, qu'en interrogeant le texte de la loi.*

« *L'autorité de la jurisprudence ne peut être invoquée là où la jurisprudence ne présente rien de fixe ni de certain, et où les décisions les plus graves sont combattues par d'autres décisions revêtues du même caractère.* »

En effet, au milieu des nombreuses décisions qui ont été rendues sur la question qui nous occupe, décisions dans lesquelles tous les partis trouvent des armes, au milieu de cette incertitude de jurisprudence,

Que devons-nous faire?

Ne faut-il pas, écartant tout ce qui s'oppose à notre passage, tout ce qui tendrait à ralentir notre marche, les yeux fixés sur la loi, marcher sur elle d'un pas ferme, la saisir, l'interroger, la faire parler sans le secours de ces interprètes si divers?

Telle a été notre pensée, Messieurs; telle a été la marche, que seule, aujourd'hui, il nous a semblé convenable de suivre.

Permettez-nous, avant d'entrer dans la discussion, de prendre la place qui nous appartient.

Nous ne voudrions pas qu'il fût possible de nous attribuer des sentiments qui ne seraient pas les nôtres.

Nous ne voudrions pas qu'on vît en nous des partisans, des défenseurs d'un fait que nous n'hésitons pas à qualifier très sévèrement.

Oui, à nos yeux, le duel est un crime sur lequel on ne saurait appeler de trop rigides châtiments.

Après les mots que nous venons de prononcer, pourrait-on dire qu'il y a une arrière-pensée sous notre langage, et qu'en soutenant que les lois en vigueur ne répriment pas le duel, c'est son impunité que nous voulons?

Nous ne pensons pas, Messieurs, qu'on puisse porter contre nous cette accusation.

Nous allons entrer maintenant dans la discussion.

Le duel est-il réprimé par la législation actuelle?

Pour arriver à répondre affirmativement à cette

question, les partisans de l'opinion contraire à celle que nous soutenons ont dû poser un principe :

1° Que pour être réprimé, le duel n'a pas besoin d'être nominativement désigné, qu'il est atteint par la loi qui punit les homicides.

Soit, en résultat, que duel et assassinat sont une seule et même chose.

2° Que le législateur a voulu atteindre le duel, sans le nommer, par la loi pénale sur les homicides.

Nous n'hésitons pas à le dire, Messieurs, la première proposition est une erreur en droit, et la deuxième une erreur en fait.

Pour arriver à démontrer ce que nous avançons nous poserons en affirmation les deux contre-propositions suivantes :

1° Que le duel ne peut être atteint que par une loi qui le nomme expressément, par une loi spéciale.

2° Que les auteurs de la législation qui nous régit n'ont pas voulu atteindre le duel par les peines qu'ils ont établies contre les homicides.

1ʳᵉ PROPOSITION.

Le duel ne peut-être atteint que par une loi spéciale.

L'argumentation tout entière de nos adversaires, sur cette première question, repose sur une assertion qui nous semble une grave erreur historique.

C'est à savoir : que de sa nature, le duel a toujours été un crime exceptionnel quant aux personnes ; que par suite, si une législation spéciale a régi ce crime, cette législation a été motivée principalement, quant aux personnes et comme aggravation de peine.

De nombreux monuments historiques et l'opinion unanime de tous les auteurs qui ont écrit sur ces matières, prouvent jusqu'à l'évidence, qu'à son origine et longtemps encore après, le duel n'était pas exceptionnel quant aux personnes.

Cette vérité, il serait trop long de la démontrer ici, mais il n'est pas une personne qui se soit occupée de la question du duel, qui n'ait dû avoir connaissance de l'ouvrage si remarquable de M. Lavallée, avocat à la Cour d'appel de Bruxelles; ouvrage composé pour réfuter le réquisitoire de M. le Procureur général près la Cour de cassation de Belgique.

Il nous semble difficile, après avoir lu cet ouvrage, de ne pas rester convaincu de cette vérité : que ce ne fut que bien postérieurement à son origine que le duel devint exceptionnel quant aux personnes.

Le duel subit le sort de toutes les institutions des temps féodaux : là où la société avait pour base l'inégalité des rangs et le privilège de naissance, là où l'exception était érigée en fait, là le duel devait aussi être exceptionnel et privilégié.

Partant du principe erroné que nous avons signalé, on est arrivé à faire le raisonnement suivant :

La législation du duel était exceptionnelle par la qualité des personnes, parce que le duel était un fait exceptionnel par la même qualité.

Or, la révolution ayant renversé les exceptions personnelles, le duel n'a pu conserver cette qualité, et par suite, il est tombé sous l'application de la loi commune.

Ce raisonnement ainsi présenté a une apparence spécieuse qui pourrait arrêter un moment, mais qui ne tient pas contre un examen même léger.

En effet, outre sa qualité exceptionnelle quant aux personnes, le duel n'a-t-il pas d'autres qualités, qui lui appartiennent à lui-même, en propre et sans aucune relation avec les circonstances extérieures qui peuvent l'entourer ?

En un mot, dans quelque temps, dans quelque lieu, dans quelque état social qu'il se produise, ne porte-t-il pas en lui-même des signes particuliers, qui sont de sa nature et de son essence même, en sorte que duel et assassinat sont deux faits essentiellement différents ?

A nos yeux cette proposition ne fait pas le moindre doute.

Pourquoi duel et assassinat ne sont-ils pas une seule et même chose ?

Beaucoup d'autres l'ont dit avant nous et nous pourrions le répéter encore ; mais ce n'est pas le moment, et ici cela nous importe peu.

Ce qu'il nous importe de savoir n'est pas pourquoi cela est, mais si cela est.

Un sceptique doutait du mouvemement devant un ancien ; le philosophe se mit à marcher.

Ainsi faisons-nous.

Nous vous disons :

Tous les jours, dans nos rues, dans nos places, aux palais des premiers dignitaires de la nation, nous voyons des hommes qui se sont battus en duel, qui ont rougi leurs mains du sang de leurs frères ; la nation place ces hommes dans ses conseils, les emplois, les honneurs, leurs sont ouverts.

Et cependant ces hommes, vous ne les appelez pas dés assassins !

En face de ceux qui ont nié le mouvement nous avons marché.

Messieurs, nous avons dit que l'homme qui se bat en duel et l'assassin ne commettent pas tous les deux un même fait, punissable des mêmes peines.

Nous disons avec *Rossi*, prononcez le mot crime, tout le monde comprend, donnez une définition, vous êtes inintelligible.

Nous vous disons : un tel s'est battu en duel, un tel a assassiné.

Nous n'avons nul besoin de vous dire que ces hommes ne pourront être placés au même rang ; vous le savez d'avance ; vous croyez que duel et assassinat ne sont pas une seule et même chose ;

Cela nous suffit.

Si donc le duel a par lui-même quelque chose de particulier qui est indépendant des circonstances qui l'entourent, comment serait-il possible que l'abolition du privilége personnel, abolition qui a bien pu entraîner la qualité exceptionnelle du duel quant aux personnes, pût avoir quelque influence sur ce que le duel a d'exceptionnel par sa propre nature ?

Comment cette abolition aurait-elle pu faire tomber sous la loi commune, c'est-à-dire la loi des homicides, un fait auquel répugne si vivement cette assimilation ?

Nous voyons le vice du raisonnement de nos adversaires.

Aussi est-il vrai de dire, que le duel, dans sa nature, est de nos jours ce qu'il était avant 1789.

De là résulte que, pour la solution de la cause que nous agitons, il semble, qu'à part l'intérêt historique des recherches auxquelles on s'était livré, ces recherches étaient parfaitement inutiles.

Pour savoir s'il faut que le duel soit puni par une législation spéciale, c'est dans la nature même du duel qu'il faut rechercher les causes de détermination.

Aussi, Messieurs, est-ce ce que nous allons faire.

L'avocat développe ici la première partie du mémoire, et termine par ces mots :

Nous croyons l'avoir prouvé, Messieurs, le duel, par sa nature, est un fait tellement spécial qu'une loi spéciale seule peut l'atteindre.

2me PROPOSITION.

Les législateurs n'ont pas voulu comprendre, sans le nommer, le duel dans la répression, telle qu'elle existe, des crimes, contraventions ou délits.

Nous sommes arrivés, Messieurs, à la partie historique de notre tâche, permettez-nous de mettre sous vos yeux l'histoire de notre législation, en ce qui touche le duel, nous y trouverons des enseignements, qui, à notre avis, peuvent avoir une grande influence sur notre deuxième proposition et sur la question en général, et il termine ainsi :

M. Mirabel Chambaud développe la deuxième partie du mémoire, et il termine ainsi :

Nous espérons avoir porté la conviction dans vos esprits ; s'il ne fallait qu'être convaincu pour convaincre, nous pourrions parler avec certitude.

Nous vous demanderons de nouveau votre indulgence, car nous voulons dire, à vous, hautement ce que nous avons entendu répéter autour de nous depuis votre arrêt du 15 décembre dernier.

Rendre des arrêts pareils, ce n'est pas interpréter les lois, c'est en faire.

Aussi, ne vous le dissimulez pas, dans cette lutte que devait terminer un arrêt solennel, ce n'est pas un combat que vous avez gagné, mais c'est une campagne que vous avez commencée.

Puisse a vérité en passant par ma bouche avoir revêtu ces insignes qui la font reconnaître.

C'est l'objet de mes vœux, Messieurs, et je le dis : vous reviendrez sur votre jurisprudence, vous reviendrez, car autrement, et moi aussi j'aurais le droit de m'écrier (moins le génie et la prison toutefois) : *et cependant la terre tourne.*

REQUISITOIRE

DE M. LE PROCUREUR GÉNÉRAL DUPIN.

Nous reproduisons ici le texte de ce réquisitoire, tel qu'il a été recueilli et publié par le sténographe du journal Le Droit et du Moniteur.

Messieurs,

La résistance de quelques Cours royales à la jurisprudence que vous avez consacrée peut nous affliger, mais elle ne doit pas nous décourager. Votre arrêt du 15 décembre 1837 a été un grand acte de légalité et de moralité; il a obtenu de l'opinion publique un vif assentiment.

Depuis cet arrêt, les duels, auparavant tolérés et loués, ont été poursuivis; les duels, qui jusque-là n'avaient pu être éludés sans déshonneur, ont été refusés hautement avec l'approbation unanime de tous les honnêtes gens.

Si depuis lors, cependant, il y a eu des acquittements; ces absolutions même prouvent que la législation, interprétée dans son application par la jurisprudence, suffit à l'indulgence comme à la répression, selon que l'une ou l'autre seront jugées nécessaires. D'autres espèces viendront où les jurés sauront se montrer sévères. Car, Messieurs, ne vous y trompez pas, il se rencontrera tôt ou tard dans quelques duels des circonstances odieuses où tous les torts ne seront pas, comme il est arrivé tant de fois, du côté de la victime, mais où ils seront du côté du survivant; il y aura des affaires où les jurés, époux et pères, auront à examiner si celui qui, après avoir enlevé la fille ou séduit la mère, aura de plus tué le père et assassiné l'époux; si, dis-je, celui qui aura commis tous ces crimes a pu agir avec impunité, et s'il pourra tout légitimer en disant, comme de malheureux arrêts l'ont quelquefois déclaré, que tout s'est passé *avec loyauté*.

Sans doute, et même alors, les duels ne seront pas encore entièrement extirpés. Les délits et les crimes, pour être prévus et punis, ne se reproduisent pas moins; mais n'est-il pas évident qu'ils seraient bien plus fréquents si on les déclarait à l'abri de toute répression?

Je ne veux pas rentrer dans le détail de toute la question; je pensais même, en venant à cette audience, que j'aurais peu de chose à dire, et qu'il suffirait de m'en référer à mes précédents réquisitoires, comme il vous suffirait à vous-mêmes de persister dans votre arrêt.

Mais c'est le droit des accusés et de leurs défenseurs de tout remettre en question devant vous; en cela même éclate au plus haut degré la confiance qu'ils placent en votre justice, persuadés qu'ils sont qu'une décision antérieure n'enchaînerait pas vos consciences s'il vous était démontré que vous vous êtes trompés, et que votre décision n'est pas strictement conforme à la loi.

Cependant, si une thèse contraire à votre arrêt peut être soutenue avec talent, sinon avec vérité, ce

n'est pas une obligation pour nous de croire nos principes en péril et de renouveler les mêmes efforts pour
les faire triompher ; vous saurez, je l'espère, persister dans la jurisprudence que vous avez si sagement
établie et consacrée ; et si, contre le dessein que j'a-
vais formé, de ne dire que quelques mots, j'entre en
réfutation avec le plaidoyer que vous venez d'entendre, ce sera seulement pour marquer mon estime
pour la défense, et pour montrer que j'étais loin d'a-
voir épuisé toutes les raisons sur lesquelles s'appuie
la doctrine de votre arrêt.

Il y a cela de remarquable dans tous les arrêts rendus en faveur des duels, comme dans tous les plai-
doyers des défenseurs, qu'on y rend un hommage
empressé à la morale, à la religion, à l'humanité, à
l'ordre social : le duel est un crime, dit-on, un crime
aux yeux de la morale ; mais ce n'en est pas un aux
yeux de la loi. Ainsi, comme l'a dit le poëte : *Pietas
laudatur et alget.*

Ah ! sans doute, quand un fait, quelque immoral
qu'il soit, n'est pas prévu par les lois, on ne peut prononcer contre lui aucune peine. Mais est-il donc vrai
que le législateur ait laissé le fait dont il s'agit à décou-
vert, et que la répression de la mort ou des blessures
occasionnées par un duel, ne sont pas entrées dans les
prévisions du législateur ?

Il y a deux moyens d'atteindre un fait criminel : il
faut, ou une disposition spéciale qui érige le fait en
délit, ou une disposition assez générale pour le comprendre comme espèce dans les termes généraux de la
pénalité.

Autrefois le duel était un délit privilégié en dehors du droit commun. La noblesse voyait dans le duel un droit qui lui était propre, un reste de son antique souveraineté. Le duel était comme le dernier fleuron de sa couronne féodale resté attaché à la garde de son épée. C'est ainsi que le duel s'était maintenu, audacieux, provocateur et rebelle en face de la société, en face de la royauté, symbole suprême de la justice et de la loi. Sous ce point de vue, le duel n'était pas seulement une attaque à la vie et à la sûreté des individus; c'était, avant tout, un dédain de la puissance publique, un crime de lèse-majesté.

De ces caractères particuliers du duel résulta le caractère particulier des lois destinées à le réprimer : c'était le délit des nobles, le délit des privilégiés; tout fut également spécial et privilégié dans sa répression. On punit non-seulement le fait, mais aussi la simple provocation; on le soumit à une juridiction exceptionnelle, on y attacha des peines appropriées à la condition privilégiée des personnes. Mais tout cela, Messieurs, a-t-il dû survivre à l'abolition générale de tous les priviléges, à l'égalité absolue de toutes les conditions devenue la base du nouveau droit public de la France, à la suppression de toutes les juridictions extraordinaires, à la proclamation énergique de ce principe constitutionnel qu'à l'avenir les mêmes crimes seraient punis des mêmes peines, par quelques personnes qu'ils eussent été commis?

Le duel, avant la révolution, était la guerre au petit-pied, la guerre entre deux petits souverains, s'attaquant à armes égales, au mépris de la loi et de la royauté; et parce que c'était le crime des nobles, ils soutenaient que ce crime était noble aussi. Mais, depuis la proclamation du grand principe de l'égalité, le duel n'a plus été que la lutte punissable de deux citoyens vulgaires que rien ne pouvait plus distinguer du commun.

Désormais, ni privilége de personnes, ni privilége de délit, ni privilége de juridiction, ni privilége de pénalité; voilà quel a été le principe du nouveau Code pénal de 1791. Il a suffi d'une généralité dans la loi, pour atteindre le duel comme un meurtre ordinaire; pour qu'il tombât sous le coup de la loi, il a suffi qu'il ne fût pas compris dans ses exceptions; et vous vous rappelez à cet égard quelle est l'énergie des expressions de cette loi, lorsqu'elle déclare, dans son article 7, que : « Hors les cas déterminés par les précédents articles, *tout homicide* commis volontairement *envers quelques personnes, avec quelques armes,* instruments, et par *quelque moyen* que ce soit, sera qualifié et puni ainsi qu'il suit, selon le caractère et les circonstances du crime. »

C'est donc en vain que l'on objecte que le *duel* n'est pas nommé dans cet article; *il n'y est pas nommé, mais il y est compris;* car le duel est un moyen de donner la mort, et cette manière de tuer les gens n'est pas rangée parmi les seuls cas que la loi ait entendu excepter. La seule différence qui existe entre le guet-apens et le duel, c'est qu'au lieu d'un homme qui en guette un autre sans défense, il y a dans le duel, deux hommes qui sont en garde vis-à-vis l'un de l'autre; mais deux hommes à qui il faut du sang, deux hommes, qui cherchent à faire une victime ; et, quoi qu'il arrive, il y a toujours un meurtre illicite, un véritable assassinat. La seule différence encore est que l'assassin se cache, tandis que le spadassin se montre et brave avec éclat le droit individuel de son adversaire, et le droit social de la puissance publique. C'est une double atteinte au droit public et au droit privé.

On vient d'alléguer devant vous, comme une découverte précieuse, un fait nouveau qui serait, vous a-t-on dit, de nature à changer vos convictions, c'est que, en 1791, on a présenté à l'Assemblée nationale des pétitions où l'on se plaignait précisément de ce que *les duels n'avaient pas été compris dans le Code pénal.*

Messieurs, en proposant cette objection, on n'y a pas bien réfléchi. D'abord, il ne serait pas surprenant que des pétitionnaires se fussent mépris sur le point de droit, et qu'ils n'eussent pas vu dans la loi ce qui cependant y aurait été ; et c'est la réponse que je ferais aux pétitions, si elles étaient postérieures au Code pénal de 1791. Mais, faites bien attention que ces deux pétitions sont datées l'une du 6 et l'autre du 17 août 1791. Or, le Code pénal a pour date le 6 octobre de la même année. Ces pétitions ne peuvent donc pas servir à constater une prétendue lacune dans ce Code. Loin de là, placées à une date assez éloignée de la publication de ce Code, pour qu'on ait pu y avoir égard, et assez rapprochée pour qu'on n'ait pas pu les perdre de vue en le rédigeant, elles sont un motif de plus pour que vous demeuriez bien convaincus que le législateur de 1791 n'a pas oublié de statuer sur le duel,

mais qu'il a mieux aimé le laisser dans le droit commun
que d'en faire un délit qualifié.

Une autre circonstance plus grave encore vient con-
firmer notre assertion. La voici. Dès le 27 avril 1791, et
sans attendre la confection du Code pénal, Lanjuinais,
cet homme si pieux, si droit, si honnête, si impatient
dans son amour du bien public (car c'était un des caractères de son patriotisme et de son honnêteté), Lanjuinais avait présenté un projet de loi spécial contre les
duels, et ce projet avait été renvoyé au comité de législation. Or, pensez-vous que s'il n'était pas résulté des
conférences établies entre lui et les rédacteurs du Code
pénal, que le duel était compris dans la généralité des
dispositions sur le meurtre, cet homme, dont la téna-
cité pour le bien était inébranlable, aurait déserté son
œuvre; qu'il ne l'aurait pas reprise; qu'il aurait pac-
tisé avec les meurtriers duellistes, et qu'il n'eût pas
repris sa proposition? Non, Messieurs, son silence
après le Code pénal de 1791, prouve que sa vertu s'en
tenait pour satisfaite, et que les duellistes ne trou-
vaient pas dans ce Code un brevet d'impunité.

On a prétendu à votre audience, qu'avant de punir
le duel il faudrait une législation sévère contre les injures, et des magistrats disposés à les appliquer sévèrement. Eh! Messieurs, cette législation existe; et, pour
mon compte, j'appelle de tous mes vœux la sévérité
des juges dans les condamnations qu'ils sont appelés
à prononcer en cette matière! Hélas! ils doivent le
comprendre, puisqu'on les en accuse! L'indulgence
dans la répression des injures, des calomnies, des li-
belles, peut devenir la source des plus grands désor-

dres dans la société ! Qu'ils punissent donc , qu'ils punissent avec rigueur l'insolent, le libelliste, le calomniateur ! leur conscience en reste chargée.... Mais, qu'est-ce à dire ? que si la réparation accordée par la loi ou par le magistrat n'est pas suffisante, on pourrait faire appel à la violence pour se faire justice à soi-même et à sa manière ! Ah ! Messieurs, c'est nous ramener à l'état sauvage ; c'est proclamer la *vendetta* des barbares ; c'est introduire l'anarchie au sein de notre civilisation !

Mais venons à une autre objection. Dans les précédentes discussions, j'avais invoqué le décret du 17 septembre 1792, qui amnistie les individus précédemment poursuivis pour cause de duels ; je me fondais sur ce que cette amnistie était inutile, si en effet le Code pénal de 1791 avait cessé de placer les duels au rang des crimes, parce qu'alors il n'y avait plus de possibilité de poursuivre des faits qui avaient cessé d'être des délits ; et voilà qu'à votre audience on prétend que ce décret n'aurait été qu'un décret de circonstance, porté seulement à l'occasion d'une querelle survenue entre deux députés, MM. Jouneau et Grangeneuve ! — C'est une erreur manifeste, car, d'une part, cette querelle n'était point un duel ; c'était une rixe dans laquelle Grangeneuve avait reçu un coup de poing de son collègue, fait en raison duquel celui-ci avait été envoyé pour trois jours à l'Abbaye. Pour l'en faire sortir, il n'était pas besoin d'une amnistie ; mais ce qui est plus décisif, ce sont les termes mêmes du décret, qui sont généraux, et qui prononcent l'abolition de *tous les procès et jugements pour duel depuis le* 14 *juillet* 1789.

Je ne reviendrai pas sur l'abus qu'on s'obstine à faire du décret du **29** messidor an **II** , puisqu'il demeure constant que ce décret ne contient qu'un référé pour l'interprétation d'un article du Code pénal militaire, et qu'il n'a aucun rapport au Code de **1791**.

Quant au Code de 1810 , j'ose dire que la discussion devient ici plus forte encore et plus évidente que sur la loi de 1791; aussi je pense que c'est pour la dernière fois que j'aurai à revenir sur l'interprétation si péremptoire qu'a reçue ce Code, au moment même de la discussion qui a précédé son adoption.

M. de Monseignat, organe officiel de la commission de législation instituée pour remplacer le tribunat, s'est exprimé en ces termes :

« Vous me demanderez peut-être pourquoi les auteurs du projet de loi n'ont pas désigné particulièrement un attentat aux personnes *trop malheureusement connu sous le nom de* DUEL ? C'est qu'il se trouve compris dans les dispositions générales du projet de loi qui vous sont soumises. Nos rois, en créant des juges d'exception pour ce crime, l'avaient presque ennobli ; ils avaient consacré les atteintes au point d'honneur, en voulant les graduer et les prévenir ; en outrant la sévérité des peines, ils avaient manqué le but qu'ils voulaient atteindre. Le projet *n'a pas dû particulariser une espèce qui est comprise dans un genre dont il donne les caractères.* »

Ainsi, la question n'a point passé inaperçue ; si nous voyons la répression des duels dans le Code de 1810, ce n'est pas seulement à cause de la généralité et de l'étendue de ses dispositions sur le meurtre ; c'est, nous le savons, car on l'a dit au législateur, on le lui a dit nettement, et non pas à mots couverts, dans un discours officiel, un discours qui alors était le principal élément, l'élément nécessaire de la discussion ; on lui a dit que si le duel n'a pas été compris nominativement dans une disposition spéciale, c'est qu'on a mieux aimé le comprendre dans la disposition générale qui atteint toutes les manières de tuer ou de blesser autrui.

Après cette explication si précise, le Corps législatif pouvait assurément rejeter ou accepter la loi ; mais en l'acceptant il ne pouvait pas ignorer, il savait avec précision que dans les dispositions répressives du meurtre en général se trouvait comprise la répression du meurtre causé en duel.

On allègue un passage de M. Merlin, dans lequel ce savant magistrat, pour étayer l'opinion qu'il s'était faite sur la non-répression des duels, dit qu'il avait assisté à toutes les conférences établies entre le comité du Conseil d'Etat et la commission de législation du Corps législatif, *et qu'il n'avait été question du duel dans aucune.*

Mais cette allégation, postérieure de plusieurs années à la confection du code de 1810, ne peut détruire le fait de la déclaration si catégorique de M. de Monseignat ; elle ne peut effacer les termes de son discours prononcé, non pas en face seulement du Corps législatif, mais en face des orateurs du Conseil d'Etat qui seraient devenus ses contradicteurs immédiats, si ce qu'il disait n'eût pas été l'expression fidèle d'une délibération réellement prise au sein des comités (1).

Et il fallait bien que la mémoire de M. Merlin[l']eût mal servi, qu'il se fût trompé lui-même, puisqu'à l'occasion de ce même réquisitoire, il a déclaré revenir pleinement de son opinion, à celle de votre arrêt.

Ajoutons qu'en 1810, la question des duels n'avait pu passer légèrement. Sans doute ce code a été fait sous un gouvernement militaire, mais il ne faut pas oublier que ce gouvernement, tout militaire qu'il était, comprenait très bien que la force n'est rien sans la justice ; qu'il n'y a pas de soldats sans magistrats, pas de bonne armée sans lois, sans finances, sans bon ordre au sein de la cité ; en un mot, pas de puissance au dehors sans une force légale bien organisée au dedans. Napoléon, tout *imperator* qu'il était, *imperator* civil autant qu'*imperator* militaire, n'aimait pas les duels, dans lesquels il ne voyait que des actes d'indiscipline et d'insubordination. Et dans ce Conseil d'Etat, qu'il aimait tant à présider, où les discussions n'étaient jamais plus profondes que lorsqu'il portait sa vue pénétrante sur les grandes questions qui intéressaient l'ordre social, on peut être certain qu'une opinion telle que celle émise par M. de Monseignat, n'avait pas été portée de ce Conseil à la tribune, sans avoir été le résultat certain d'une opinion débattue et bien arrêtée.

____

(1) Lors de l'arrêt rendu par les chambres réunies, le 5 décembre 1837, M. Faure, qui assistait à cet arrêt, et qui était en 1810 président de la section de législation du Conseil d'Etat, a confirmé à la Cour la vérité des faits attestés par M. de Monseignat.

Cette opinion émise par M. de Monseignat reste donc avec toute sa puissance. Non , je ne crains pas de le dire , jamais rien de plus clair, de plus précis n'a été dit pour déterminer le vrai sens de la loi. Ce passage du rapport est un trait de vive lumière dont le rayon éclaire le texte de la loi. J'en appelle désormais à la logique , à l'équité de tous les juges ; leur conscience à l'avenir demeurera chargée de toute interprétation qui aurait pour effet de méconnaître l'évidente pensée du législateur de 1810.

Sans doute une jurisprudence fautive s'est introduite dans le cours de la restauration. Et cela cessera de paraître surprenant, si l'on veut considérer qu'à la chute de l'empire , le gouvernement seul n'a pas changé. La restauration , en portant atteinte à l'inamovibilité de la magistrature, en changeant imprudemment le personnel des tribunaux et de cours, n'a pas compris, comme la révolution de 1830 , que la magistrature comme la religion doivent traverser les révolutions sans s'altérer ni se changer; que l'une doit enseigner la même morale , comme l'autre doit rendre la même justice, sans acception des temps , des personnes et des opinions ! Dès lors, il ne faut pas être surpris que des souvenirs se soient perdus, que des traditions se soient effacées ; tandis que l'avantage de la perpétuité dans les grands corps de magistrature , est d'y fonder une série de précédents et de maximes que les anciens transmettent aux plus jeunes, et qui, à la longue, constituent un véritable esprit sénatorial.

L'erreur de quelques arrêts a produit, à son tour, l'erreur du gouvernement, qui, croyant une loi nécessaire, puisque les cours en proclamaient l'absence, a essayé d'en préparer une. Mais, depuis 1830, un nouvel et plus ample examen a ramené la jurisprudence au vrai, et tous ces projets de loi ont été abandonnés pour s'en tenir à la législation reconnue comme existante.

En cet état, voyez quelle est la différence ? Les duels ne sont pas impunis ; il y a une loi répressive. Si quelqu'un, usant de son droit d'initiative, en proposait une nouvelle ; si cette loi nouvelle ne remplissait pas le but, si elle paraissait trop indulgente, si elle ennoblissait le duel, si elle le traitait, non plus comme autrefois avec une rigueur privilégiée, mais avec une faveur trop marquée, on la rejetterait. Mais en la rejetant, on ne serait pas ému par la crainte de laisser la société désarmée ; car alors on resterait avec la loi en vigueur, avec le Code de 1810, et la société plaiderait *main-garnie*. Au lieu que si, de prime-abord, on partait de l'idée que, dans l'état actuel des choses, il n'y a pas de loi, les novateurs resteraient maîtres de la législation à intervenir.

Au surplus, Messieurs, depuis votre arrêt, une autorité imposante est venue se joindre à la vôtre.

En 1838, à la séance du 27 avril, on a rapporté à la Chambre des députés une pétition qui réclamait *une loi sur les duels*, supposant que dans l'état actuel de la législation il n'y a pas de loi qui les atteigne. La commission avait proposé le renvoi de cette pétition au ministre, et j'en compris aussitôt le danger. Je demandai l'*ordre du jour*, et je me fondai tout à la fois et sur la loi de 1810, et sur votre arrêt qui en déterminait la portée, et sur cette considération que si, en cet état, on renvoyait au garde des sceaux une pétition qui supposait l'absence de toute législation sur les duels, ce serait offrir aux partisans des duels et aux accusés un moyen assuré de se soustraire à la loi *existante* sous prétexte de la *loi à faire*.

Ces considérations, Messieurs, furent accueillies avec une faveur marquée par la Chambre. Les orateurs qui s'étaient inscrits pour parler en faveur de la pétition, déclarèrent renoncer à la parole, et l'ordre du jour fut adopté à la presque unanimité. Or, croyez-vous qu'il en eût été ainsi, si la Chambre eût pensé qu'en effet la législation actuelle était inapplicable aux meurtres commis en duel, lorsque cependant on lui présentait les arrêts, et notamment votre jurisprudence, comme professant le contraire? Assurément, non; en ce cas, il y eût eu un soulèvement d'opinions en sens inverse, et l'on eût renvoyé la pétition au ministre pour faire cesser le scandale d'une jurisprudence qui aurait puni comme crime un fait non prévu par la loi.

Nous pouvons donc le proclamer avec satisfaction; l'autorité du législateur est venue dans cette circonstance fortifier l'autorité de votre jurisprudence.

Et cependant, Messieurs, que vient-on vous dire? Que tout n'est pas fini, que « ce n'est pas un combat que vous avez gagné par votre arrêt, mais une campagne que vous avez commencée. »

Ah! sans doute, Messieurs, entre la justice et le crime la lutte est incessante; l'action du magistrat est de tous les jours; elle doit durer toute la vie! Quand les attentats se renouvellent, il faut bien renouveler les arrêts ! Mais aussi la constance est le principal caractère de la justice : *Justitia est constans et perpetua voluntas jus suum cuique tribuendi.* Nous espérons que la Cour persévérera dans sa jurisprudence, comme nous persistons nous-même dans nos réquisitions.

Nous estimons qu'il y a lieu de casser l'arrêt de la Cour royale de Paris.

Après une heure de délibération dans la chambre du conseil, la Cour rentre en séance, et M. le premier président prononce l'arrêt suivant :

ARRÊT.

« Ouï le rapport de M. le conseiller Bérenger, les observations de M⁺ Mirabel Chambaud, avocat des prévenus, ensemble les conclusions de M. Dupin, Procureur général ;

« Vu les articles 2, 295, 296, 297, 302, 309, 310 et 328 du Code pénal ;

« Attendu que les Codes des délits et des peines de 1791, de l'an IV et de 1810, punissant les meurtres, les blessures et coups volontaires, n'ont point fait d'exception pour le cas où ces meurtres auraient été commis, ces blessures faites et ces coups portés par suite de duels ;

« Attendu que l'abolition qui avait antérieurement été faite de la législation spéciale sur les duels a, par cela même, replacé sous l'empire du droit commun tous les actes répréhensibles auxquels les duels peuvent donner lieu ;

« Attendu que l'homicide, les blessures et les coups, lorsqu'ils sont occasionnés par ce genre de combat, ne peuvent être considérés comme commandés par la nécessité actuelle de la légitime défense de soi-même ou d'autrui, aux termes des articles 327, 328 et 329 du Code pénal, puisque, dans ce cas, le danger n'a existé que par la volonté des parties ;

« Attendu d'ailleurs que les circonstances qui accompagnent le duel ne peuvent rendre le meurtre, les blessures et les coups excusables ; que la convention par suite de laquelle le duel a lieu, étant contraire aux bonnes mœurs et à l'ordre public, est nulle de plein droit, et que dès lors aucun fait d'excuse ne peut en résulter;

Attendu, dans tous les cas, et en supposant l'admissibilité de tels faits d'excuse, que ces faits ne pourraient être légalement appréciés que par la Cour d'assises et par le jury, et qu'il n'appartient pas aux chambres du conseil et d'accusation de les prendre en considération; que ces chambres ne pourraient pas mieux s'arrêter à des circonstances atténuantes, puisque c'est encore le jury qui a seul le droit de les apprécier ;

« Attendu qu'il résulte de l'arrêt attaqué que le 20 mars 1838, dans un combat singulier qui a eu lieu volontairement et avec préméditation, une tentative d'homicide a été commise par Laurent Gilbert fils sur la personne de Sylvain Champeaux, en lui tirant un coup de pistolet dont la balle lui a fait une blessure grave à la tête, laquelle tentative manifestée par un commencement d'exécution, n'a manqué son effet que par des circonstances indépendantes de la volonté de son auteur; que dudit arrêt il résulte encore que Déroy et Robin ont assisté, avec connaissance, Gilbert dans les faits qui ont préparé et consommé l'action, et que néanmoins l'arrêt attaqué a déclaré que ces faits, ayant eu lieu dans un duel, ne constituaient ni crime, ni délit, ni contravention prévus par la loi, et ne pouvaient donner lieu à suivre contre les prévenus; qu'en jugeant ainsi la Cour royale de Paris a expressément violé les articles du Code pénal ci-dessus cités :

« La Cour casse et annulle l'arrêt rendu par la Cour royale de Paris, chambre des mises en accusation, le 10 août 1838.

« Et pour être statué de nouveau, conformément à la loi, sur l'ordonnance de la chambre du conseil du Tribunal de première instance d'Orléans, en date du 11 avril, même année, par laquelle lesdits Gilbert, Déroy et Robin ont été mis en prévention, savoir : Gilbert, de tentative caractérisée de crime de meurtre commis avec préméditation sur la personne de Champeaux, et Déroy et Robin de complicité de ce crime, pour avoir assisté avec connaissance l'auteur de l'action dans les faits qui l'on préparée et consommée, renvoie lesdits prévenus en l'état où ils se trouvent, et les pièces du procès devant la Cour royale de Rouen, chambre des mises en accusation. »

« Ainsi jugé,... chambres réunies,... le 2 février 1839. »